电子商务人才培养系列教材·服务岗位群

电子商务
客户服务与管理

王利明　聂春娇　主编

电子工业出版社
Publishing House of Electronics Industry
北京·BEIJING

内容简介

本书分为八个项目：电子商务客户服务基础、电子商务客户服务工作内容与工作要求、电子商务客户服务工作流程、电子商务客户服务沟通技巧、电子商务客户投诉处理、电子商务客户关系管理、电子商务客户服务数据分析、电子商务客户服务员工管理。

本书通过对农村电子商务服务站项目、电子商务客户服务任务的设计，让学生在实际任务中学习电子商务客户服务的基础知识和电子商务客户服务技巧，掌握电子商务客户服务岗位的基本技能，具备电子商务客户服务的基本素养，让学生毕业后能顺利地投入电子商务客户服务岗位的工作中。

本书可作为中等职业学校电子商务专业及相关专业的教学用书，也可作为在职人员的岗位培训及自学用书。

未经许可，不得以任何方式复制或抄袭本书之部分或全部内容。
版权所有，侵权必究。

图书在版编目（CIP）数据

电子商务客户服务与管理 / 王利明，聂春娇主编 . —北京：电子工业出版社，2023.2
ISBN 978-7-121-44832-4

Ⅰ.①电… Ⅱ.①王… ②聂… Ⅲ.①电子商务－商业服务－中等专业学校－教材 Ⅳ.① F713.36

中国国家版本馆 CIP 数据核字（2023）第 004386 号

责任编辑：罗美娜　　　　　特约编辑：田学清
印　　刷：天津千鹤文化传播有限公司
装　　订：天津千鹤文化传播有限公司
出版发行：电子工业出版社
　　　　　北京市海淀区万寿路 173 信箱　　邮编：100036
开　　本：787×1092　1/16　印张：11　字数：174.2 千字
版　　次：2023 年 2 月第 1 版
印　　次：2023 年 2 月第 1 次印刷
定　　价：45.00 元

凡所购买电子工业出版社图书有缺损问题，请向购买书店调换。若书店售缺，请与本社发行部联系，联系及邮购电话：（010）88254888，88258888。
质量投诉请发邮件至 zlts@phei.com.cn，盗版侵权举报请发邮件至 dbqq@phei.com.cn。
本书咨询联系方式：（010）88254617，luomn@phei.com.cn。

前　言

PREFACE

随着互联网的迅猛发展和市场的不断成熟，世界经济进入了电子商务时代，电子商务已经与人们的日常生活密不可分。随着电子商务的迅速发展，人们对电子商务客户服务的需求也在增加，同时，以生产为中心、以销售产品为目的的市场战略逐渐被以客户为中心、以服务为目的的市场战略所取代。因此，在电子商务这个新的环境下研究客户服务与管理是有其可行性和必要性的，只有了解电子商务客户服务与管理的相关知识和工作流程，才能更好地为电子商务提供服务保障。

本书以电子商务客户服务与管理的岗位流程及工作模块为导向，采用"项目驱动"的方式对教材内容进行设计和开发。全书包含八个项目，包括电子商务客户服务基础、电子商务客户服务工作内容与工作要求、电子商务客户服务工作流程、电子商务客户服务沟通技巧、电子商务客户投诉处理、电子商务客户关系管理、电子商务客户服务数据分析、电子商务客户服务员工管理。每个项目包括项目导入、项目描述、项目实施和项目测试四个部分。每个项目又分成几个任务，包括任务情境、任务目标、任务实施、任务拓展四个部分。本书强调对岗位综合实战能力的训练，突破传统知识体系的界限，结合大量企业真实的电子商务客户服务与管理案例，进行知识和技能的讲解，图文并茂，步骤清晰，由浅入深，通俗易懂。

本书由烟台市职业教育研究室正高级讲师王利明和烟台船舶工业学校讲师聂春娇担任主编，于家臻担任主审，吴跃江、李雪羚、刘玉华担任副主编。参与本书编写的人员还有丁学林、王宝霞、伊晓明、孙晓莹、刘嫚琪、毕崇学、张伟、陈君月、苗琪、高永、蔡中华、刘敬敬等教学和教研人员，并得到中教畅享（北京）科技有限公司等企业的大力支持。

由于编者水平有限，书中难免出现疏漏和不足之处，真诚欢迎广大读者批评指正，以使本书日臻完善。

目 录
CONTENTS

项目一　电子商务客户服务基础 1

　　项目导入 1

　　项目描述 2

　　项目实施 2

　　任务一　电子商务客户服务概述 3

　　任务二　平台规则及工具使用 9

　　项目测试 20

项目二　电子商务客户服务工作内容与工作要求 23

　　项目导入 23

　　项目描述 24

　　项目实施 24

　　任务一　电子商务客户服务的工作内容 25

　　任务二　电子商务客户服务的工作要求 28

　　项目测试 33

项目三　电子商务客户服务工作流程 36

　　项目导入 36

　　项目描述 37

　　项目实施 37

　　任务一　售前客服及工作流程 38

　　任务二　售中客服及工作流程 50

任务三　售后客服及工作流程...57
  项目测试...62

项目四　电子商务客户服务沟通技巧...68

  项目导入...68
  项目描述...69
  项目实施...69
  任务一　电子商务客户服务基本礼仪...70
  任务二　网络客户服务沟通技巧...75
  任务三　电话客户服务沟通技巧...83
  项目测试...90

项目五　电子商务客户投诉处理...93

  项目导入...93
  项目描述...94
  项目实施...94
  任务一　分析客户投诉原因...95
  任务二　挖掘客户投诉心理...100
  任务三　有效处理客户投诉...106
  项目测试...113

项目六　电子商务客户关系管理...116

  项目导入...116
  项目描述...117
  项目实施...117
  任务一　认识客户关系管理...118
  任务二　客户资料的获取与管理...122
  任务三　客户流失分析与客户关怀...127
  项目测试...132

项目七 电子商务客户服务数据分析 135

项目导入 135
项目描述 136
项目实施 136
任务一 认识电子商务客户服务术语 137
任务二 分析电子商务客户服务数据 142
项目测试 148

项目八 电子商务客户服务员工管理 151

项目导入 151
项目描述 152
项目实施 152
任务一 电子商务客户服务员工管理概述 153
任务二 电子商务客户服务员工管理的内容 157
项目测试 167

项目一 电子商务客户服务基础

项目导入

随着电子商务的深入发展，电子商务市场越来越成熟，网络购物平台的竞争越来越激烈，而商品的同质化及低价竞争导致商家获取流量越来越难，也越来越贵。如今的电子商务市场已经慢慢发展成由买方来主导。提供优质商品是每个商家的基本义务，但是客户并不满足于商品本身，他们需要更加完美的购物体验。通常，客户会通过搜索、点击、浏览、询单等几个步骤，最终凭自己对商品及店铺的感受决定是否下单购买。以往的拼价格、比质量的销售方式远远不能满足客户的消费心理。当淘宝提出了"客户赢天下"的理论时，商家们纷纷开始关注销售的方式与商品的质量，"网店客服"这个新兴职业就在这样的背景下诞生，并且日益成为店铺不可或缺的中坚力量，推动着网店的发展。

只有客户满意才能引发客户对企业的忠诚，才能长期留住客户。网店客服在网店的推广、产品的销售及售后的客户维护方面均起着极其重要的作用，不可忽视。因此，我们有必要了解电子商务客户服务与管理的相关知识和工作流程，以便更好地为电子商务提供服务保障。电子商务客服人员要想做好客户服务工作，首先要学习电子商务客户服务的基础知识，了解电子商务客户服务的概念，理解电子商务客户服务对于企业经营管理的意义，同时了解电子商务平台规则及常用工具，为电子商务客户服务工作做好准备。

项目描述

了解客户服务和电子商务客户服务

了解电子商务平台规则和常用工具

了解智能客服的优势

熟悉电子商务客户服务的分类

掌握电子商务客户服务的重要性及意义

学会使用千牛工作台

项目实施

- 电子商务客户服务基础
  - 任务一 电子商务客户服务概述
    - 客户服务的含义
    - 电子商务客户服务
    - 电子商务客户服务的分类
    - 电子商务客户服务的重要性
    - 电子商务客户服务的意义
  - 任务二 平台规则及工具使用
    - 电子商务各交易平台的规则
    - 淘宝平台的交易规则
    - 常用客服工具介绍
    - 千牛工作台的应用
    - 智能客服的含义与优势

任务一　电子商务客户服务概述

任务情境

王小明是某职业学校的学生，同时也是一名热爱家乡、想为家乡做贡献的热血青年。王小明的家乡盛产苹果，他从小就有一个愿望，那就是学好本领，将来把家乡的苹果卖到世界各地，尽自己最大的努力为家乡做贡献。千里之行始于足下。假期，他准备进入家乡的电子商务服务站去实习，从事农村电子商务服务站的客户服务工作，但是他对于客户服务管理一无所知。到底什么是电子商务客户服务？电子商务客户服务对于企业来说有着怎样重要的意义？电子商务客户服务在企业经营管理中具体发挥怎样的作用？让我们一起去了解一下吧！

任务目标

➡ 知识目标

了解客户服务的含义

认识电子商务客户服务

熟悉电子商务客户服务的分类

掌握电子商务客户服务的重要性及意义

➡ 技能目标

学会利用互联网学习平台查询并了解电子商务客户服务的意义及案例

➡ 素养目标

激发学习电子商务客户服务与管理的兴趣

树立干一行爱一行的职业理想

厚植利用所学知识服务社会、回报家乡的情怀

任务实施

一、客户服务的含义

客户服务，指企业为目标客户提供适当的产品或服务，满足客户的适当需求，使企业和客户的价值都得到提升的活动过程。从广义上来讲，任何能提高客户满意度的内容都属于客户服务的范围。客户服务工作主要包括客户接待、对客户投诉的响应、客户满意度管理、客户咨询解答和售后服务等方面。

二、电子商务客户服务

电子商务是依托于电子设备和网络技术进行的商务活动模式。电子商务客户服务是电子商务活动的组成部分，是指在线受理业务的一线人员利用各种通信工具进行订单业务受理、信息传递、客户调查、承载客户投诉等工作，是连接商家与客户的桥梁。

电商客服人员就是为电子商务客户服务的人员，和我们在实体店看到的导购员一样，电子商务环境下的客服人员依然承担着迎接客户、销售商品、解决客户疑惑等责任。

电商客服人员的工作环境、服务媒介等与传统实体店的导购员又有一定的差异，传统实体店的导购员的客户服务是一种面对面的交流，双方互动的即时性极强；而电商客服人员主要在开设电商这种商业活动中，充分利用各种通信工具（以网上即时通信工具为主），为客户提供相关服务。

三、电子商务客户服务的分类

（一）按客户服务的形式分类

按客户服务的形式基本可分为人工客服和电子客服。其中人工客服又可细分为文字客服、视频客服和语音客服三类。文字客服指主要以打字聊天的形式进行的客户服务；视频客服指主要以视频的形式进行的客户服务；语音

客服指主要以移动电话的形式进行的客户服务。

（二）按业务职能分类

按业务职能基本可分为售前服务和售后服务。一般小规模的商家，往往一人身兼数职，对客户服务没有进行细分，但有些较大规模的商家则往往实行较细的分工，其客户服务的分类达到相当细致的程度，列举如下。

（1）通过旺旺、电话解答客户问题的客服。

（2）专门的导购客服，帮助客户更好地挑选产品。

（3）专门的投诉客服，处理客户投诉。

（4）专门的推广客服，负责网店的营销与推广。

（5）专业做仓储物流保障的客服。

四、电子商务客户服务的重要性

（一）提高客户购物体验

客户服务可直接影响客户的购物体验，对于店铺的整体运营具有重要的意义，好的客服人员可以提高客户的购物体验——客服人员通过耐心询问、认真倾听，主动为客户提供帮助，让客户享受良好的购物体验。

（二）提高客户对店铺的忠诚度

由于网络购物平台品类繁杂，客户的搜索浏览成本越来越高，因此，只要选购的产品满意、服务贴心，就不会轻易更换店铺，以免增加新的购物风险及时间成本。可见，良好的客户服务，有利于提高客户对店铺的忠诚度。

（三）改善店铺服务数据

淘宝平台会对店铺的服务质量进行一系列的评分，若店铺评分不符合标准则会影响其产品在搜索中的排名，以及参加活动的资质。

（四）降低店铺经营风险

商家在开店过程中难免会遇到退换货、退款、交易纠纷、投诉、客户给出不良的评价、平台处罚、欺诈、诈骗等经营风险。如果客服人员对产品熟悉，

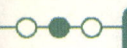

能做到精准推荐，就能有效控制退换货，尽量避免交易纠纷。如果客服人员对平台的规则熟悉，在应对客户的投诉时就不会触犯平台的规则，也就不会导致平台对店铺的处罚。如果客服人员积极与客户沟通，就有可能降低不良评价的出现。如果客服警惕性高，就会避免店铺被不良分子敲诈而导致损失的可能。

（五）提高流量价值

随着平台竞争越来越激烈，店铺引流成本也越来越高，进入店铺的每个流量对商家来说都是尤为重要的，都应该使之产生效益，而客户服务有助于提高客户的购买欲望，从而提高客单价，实现单个流量价值的最大化。客服人员的优质服务也有助于客户的重复购买，或者介绍他人来购买，从而把单个客户的流量价值发挥到极致。

五、电子商务客户服务的意义

（一）塑造店铺形象

客户服务是店铺形象的第一窗口。对于网店而言，客户看到的产品都只是一张张图片，既看不到实际的产品，也看不到商家，只能通过网络来了解产品，因此往往会产生怀疑和距离感。这个时候，客户服务就显得尤为重要了。客户通过与客服人员在网上进行交流，可以进一步了解商家的服务态度及详细的产品信息。客服人员的一个旺旺表情或一句亲切的问候都能让客户真实地感受到商家的诚意。即使同一个问题，不同的回答给客户的体验感也存在着很大的不同。只有恰到好处的回答才能帮助客户放下刚开始的戒备，建立信任，从而逐步树立起店铺的良好形象。不同客服人员面对同一问题的回答对比表如表1-1所示。

表 1-1　不同客服人员面向同一问题的回答对比表

客户的问题	客服人员的回答	分　值
可不可以搭送小礼品	客服人员一：不可以哦	1分
	客服人员二：亲，我们现在已经是亏本促销啦	2分
	客服人员三：亲，我们现在已经是亏本促销啦，没有小礼品，但我尽量给您申请	3分

(二)提高成交率

客服人员能够随时在线回复客户的疑问,可以让客户及时了解想了解的内容,从而促成交易。很多客户都会在购买之前针对不太清楚的内容询问商家,或者询问优惠活动等。客服人员如果能及时回复客户的疑问,就可以让客户及时了解想要了解的内容,从而立即达成交易。针对不同的客户,客服人员需要采用不同的沟通方式,这就要求客服人员具备良好的沟通技巧:及时回复,礼貌热情;热心引导,认真倾听;议价时,以退为进,促成交易;及时核实,请买家确认;热情道谢,欢迎再来。在售前,通常我们把销售客服人员分为三个等级:三级客服人员只能满足客户的基本要求,准确回复客户所问的问题;二级客服人员可以关注客户的显性需求,做出精准的推荐;一级客服人员则能发现客户的隐性需求,发掘出更多关联销售的潜在机会。

案例:双十一快到了,客户去某网店购买零食,客户问道:"有适合孩子吃的零食吗?孩子比较小,食品要安全,符合儿童的营养需求。"

客服人员该如何回答呢?不同等级的客服人员回答也是不同的,如图1-1所示。

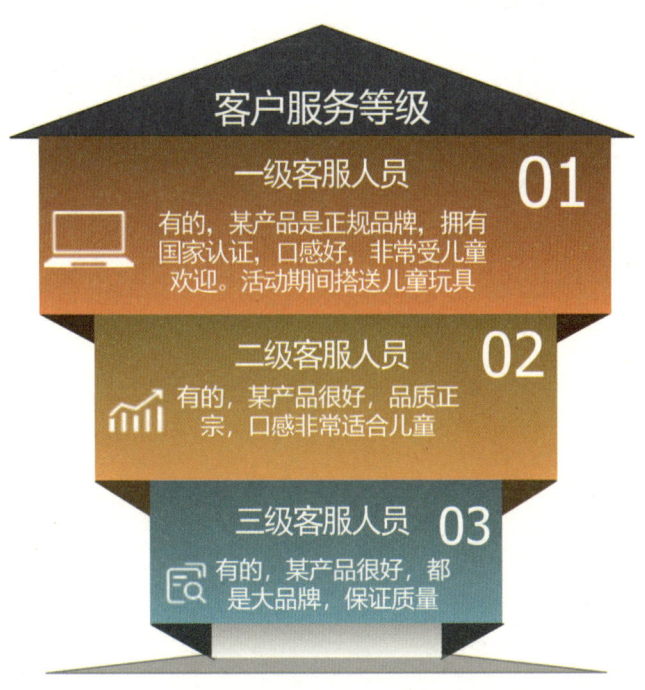

图1-1 售前产品介绍案例

（三）提高客户回头率

通常，客户会比较倾向于选择其所熟悉和了解的商家。当客户在客服人员的良好服务下完成了一次购物后，客户不仅了解到商家的服务态度，还对商家的产品、物流等有了切身的体会。当客户需要再次购买的时候，就会倾向于选择他所熟悉和了解的商家，这样就提高了客户的回头率，如图1-2所示。

图1-2　服务体验对于客户回头率的影响

（四）更好地服务客户

客服人员和客户的网上交流仅仅是服务客户的第一步。一个有着专业知识和良好沟通技巧的客服人员可以给客户提供更多的购物建议，还更完善地解答客户的疑问、更快速地对售后问题给予反馈，从而更好地服务客户。只有更好地服务客户，才能获得更多的销售机会。

> **任务拓展**
>
> 利用互联网学习平台了解电子商务客户服务的意义及具有代表性的案例，理解电子商务客户服务对于企业的重要意义，通过了解专业知识树立干一行爱一行的职业理想。

项目一 电子商务客户服务基础

任务二　平台规则及工具使用

任务情境

王小明通过学习，已经初步认识了电子商务客户服务，并知道了电子商务客户服务对于企业经营管理的重要意义。现在，他非常想尝试做电子商务客户服务的具体工作，然"工欲善其事，必先利其器"，要想做好这项工作，首先要了解交易平台的规则，树立规则意识、安全意识、法律意识，熟练应用客户服务管理工具，培养精益求精的工匠精神，这样做起事来才能有章可循、有据可依、得心应手。让我们一起来了解电子商务各交易平台的规则和常用工具的使用吧！

任务目标

知识目标
了解电子商务各交易平台的规则及常用工具
了解智能客服的优势
学会使用千牛工作台

技能目标
掌握电子商务各交易平台的规则
熟练应用千牛工作台

素养目标
培养良好的规则意识
提升安全意识和法律意识
培养精益求精的工匠精神

9

任务实施

一、电子商务各交易平台的规则

网店在经营的过程中和实体店一样都要遵守国家的法律法规，同时也要遵循交易平台的规则。网店的客服人员还应该掌握并遵守最新的电子商务法律法规，如《中华人民共和国电子商务法》等。

（一）平台规则的作用

（1）平台规则起到规范平台用户行为，维护买卖双方利益的作用。

（2）遵守平台规则是一个合格商家的基本义务。在交易的过程中，网店的客服人员应站在商家的角度了解、遵守网店的交易规则。

（3）在日常工作中，客服人员对经常用到的各平台的规则一定要熟悉。当客户不清楚交易规则时，客服人员除了要指引客户查看网店的交易规则，还需指导客户如何分步骤进行操作。

（二）查看平台规则

电子商务各交易平台规则可分别在图1-3所示的各交易平台的模块查看。

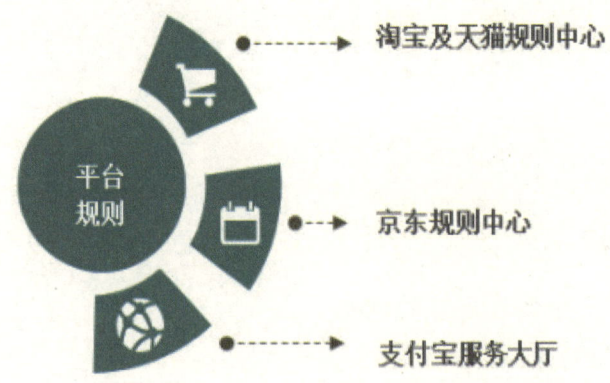

图1-3　查看平台规则

二、淘宝平台的交易规则

遵守规则对于店铺的日常运营是非常重要的，一旦违规，店铺就会被扣分、处罚、在一定期限内限制发布商品、屏蔽店铺、限制交易、限制参加平台营销活动，更严重的会被查封账户。因此，客服人员在上岗前一定要对规则进行学习，必要时可以将规则制作成文档，以便在工作中随时查询。在淘宝平台，打开淘宝平台规则如图1-4所示，淘宝平台规则页面如图1-5所示，淘宝平台争议处理规则查看途径如图1-6所示。

图1-4　打开淘宝平台规则

图1-5　淘宝平台规则页面

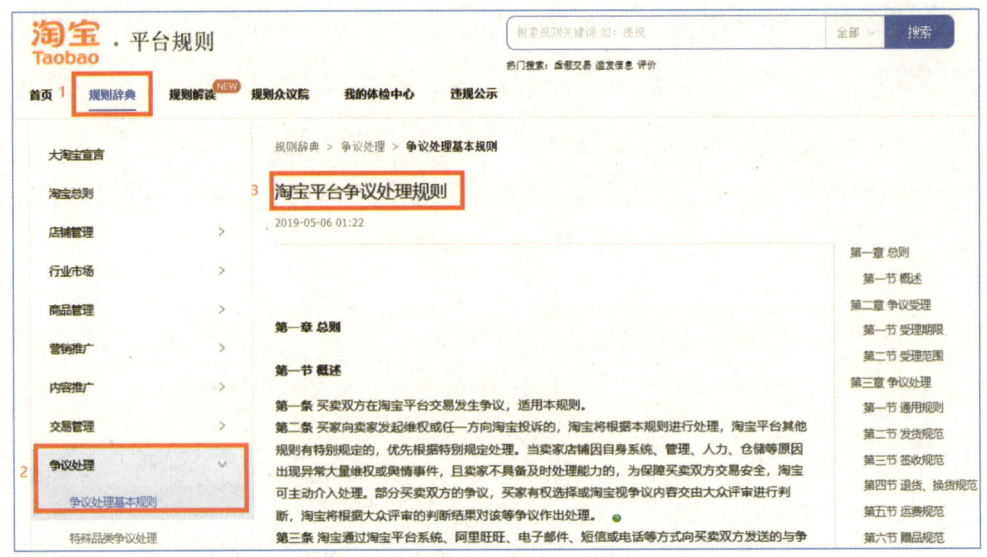

图 1-6　淘宝平台争议处理规则查看途径

三、常用客服工具介绍

电商客服运用的通信工具可分为人工客服用的通信工具和电子客服用的通信工具。人工客服用的通信工具主要是电话，电子客服用的通信工具一般指即时通信工具。不同的交易平台有不同的即时通信工具，京东购物平台采用的沟通工具是咚咚，阿里巴巴旗下的网络购物平台采用的沟通工具是阿里旺旺，苏宁易购采用的沟通工具是苏宁云信，在百度平台上购买和咨询使用Hi沟通，在网易平台使用的沟通工具是网易云信。小规模的网站大多使用一些聊天工具进行沟通，如微信、QQ等。其实，常用的即时通信工具还有很多。

电商客服人员有一个很重要的工作职责，就是帮助客户顺利地完成交易。因此，在交易过程中，客服人员需要运用平台提供的通信工具和客户进行交流，帮助客户选择商品，回答客户的问题，通过平台后台操作帮助客户修改价格、备注留言等。所以，熟练使用客服工具是电商客服人员必备的工作技能。

四、千牛工作台的应用

千牛工作台是最重要的客服工具，千牛工作台不仅具有聊天接单功能，还具有强大的插件功能。通过千牛工作台，客服人员可以进行交易管理、商品管理、评价管理、物流管理等操作。客服人员必须通过千牛工作台与客户交流，因为千牛工作台功能多，便于使用，而且最重要的就是千牛工作台的聊天记录——它是淘宝网在处理买卖双方纠纷时官方认可的申诉证据之一。

（一）千牛工作台的下载与安装

在淘宝网首页的右上角点击"千牛卖家中心"，进入后点击"千牛卖家中心"下拉列表里面的"下载千牛"进入下载页面，如图1-7所示。

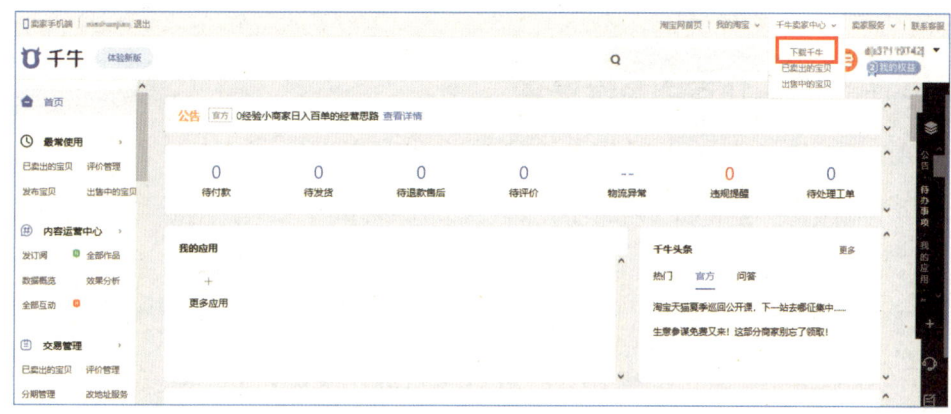

图1-7　千牛工作台下载页面

接下来，根据电脑的操作系统选择版本，按照页面提示安装就可以了。等安装完成后，用淘宝用户名进行登录，就可以进入电脑版千牛了。千牛工作台登录界面如图1-8所示，千牛工作台浮动窗口如图1-9所示。

图1-8　千牛工作台登录界面

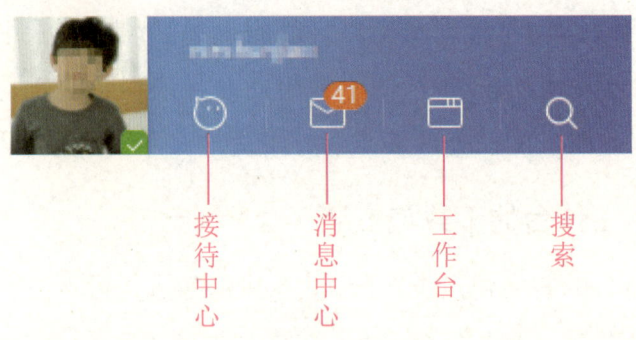

图 1-9 千牛工作台浮动窗口

（二）千牛工作台的系统设置

点击"工作台"进入工作台，点击右上角的"设置"，即可对千牛工作台进行系统设置，如图 1-10 所示。千牛工作台系统设置包括基础设置和接待设置。其中，基础设置包括登录、界面、任务栏、网页浏览、消息中心、快捷键、密码、下载、登录历史、云计划等设置，而接待设置则包括状态、会话窗口、显示字体、提醒、星标、声音、防骚扰、接待、个性签名、自动回复、文件管理、文件接收等设置。

图 1-10 打开千牛工作台设置

1. 快捷键的设置

打开千牛工作台的设置，点击"系统设置"，在"基础设置"中进行快捷键设置。快捷键设置能加快调出常用功能的速度，提高工作效率。快捷键的设置如图 1-11 所示。

项目一　电子商务客户服务基础

图 1-11　快捷键的设置

2. 欢迎语的设置

咨询消息窗可向用户展示公告与常用问题，因此，对特定商品指定欢迎语可有效提升服务效率与用户好感。要设置欢迎语，可打开"系统设置"中的"接待设置"，点击"自动回复"，打开欢迎语设置界面，如图1-12所示。

图 1-12　欢迎语的设置

15

3. 显示字体设置

切换至"接待设置"下的"显示字体",合理设置显示字体、字号及颜色,尽量避免红色等夸张的颜色,以免让客户反感。

字体建议:微软雅黑、楷体、宋体;字体大小:12 号、14 号。

显示字体设置如图 1-13 所示。

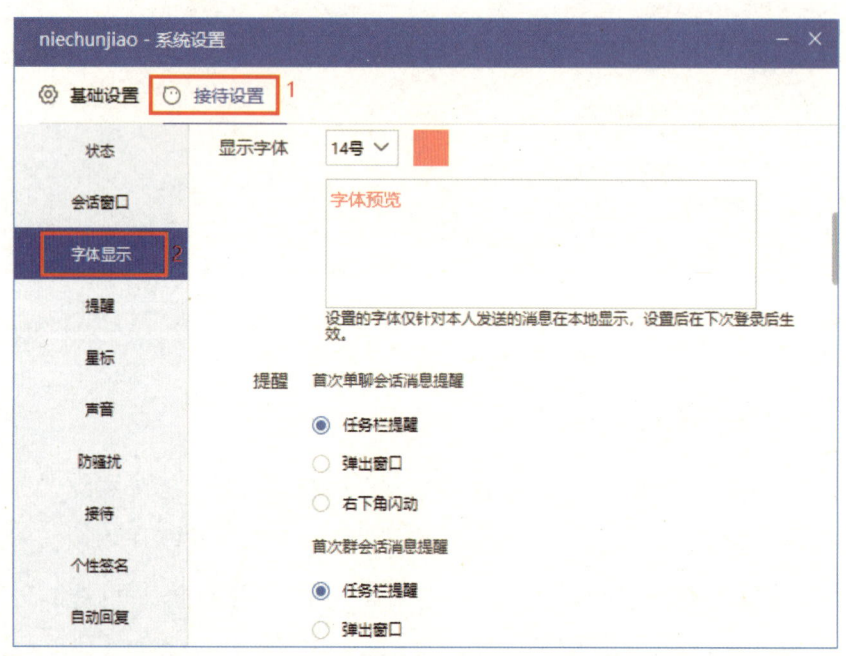

图 1-13　显示字体设置

4. 快捷短语设置

在会话窗口中点击"快捷短语"会显示快捷短语视窗,如图 1-14 所示,在这里可以进行快捷短语的创建、编辑、导入、导出及分组的操作。设置快捷短语是为了提高客服人员的工作效率、减少出错、缩短客户的等待时间。因此,客服人员在上岗前,需要按照店铺要求统一设置快捷短语。

(三)千牛工作台的功能应用

卖家通过千牛工作台可以实现商品管理、交易管理、店铺管理、营销活动、数据分析、运营推广等功能,千牛工作台交易管理模块如图 1-15 所示。

项目一　电子商务客户服务基础

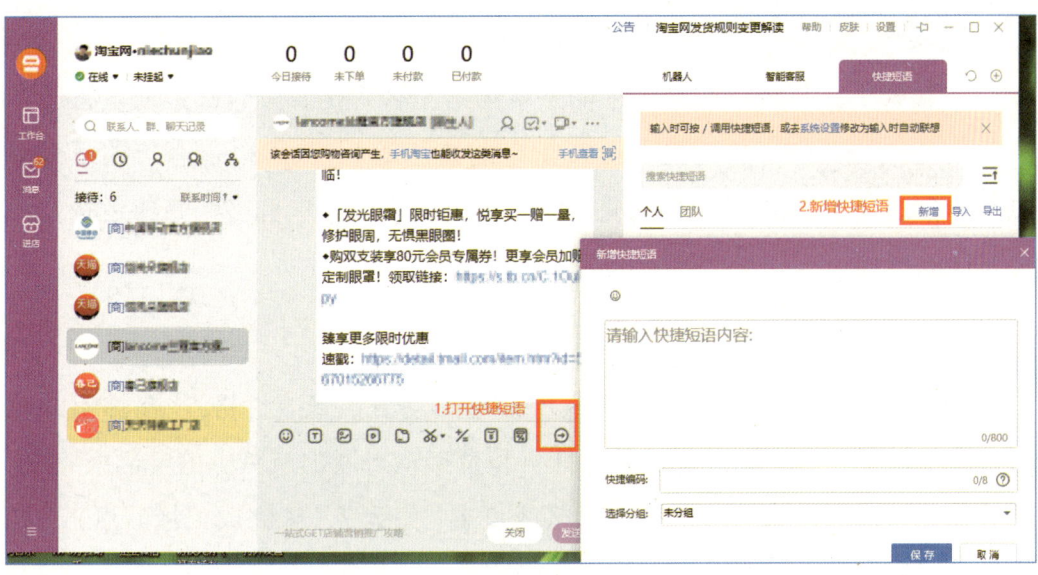

图1-14　快捷短语设置

图1-15　千牛工作台交易管理模块

在使用千牛工作台时应注意以下几点。

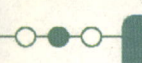

1. 已卖出的宝贝

客服人员在与客户的交流中如果承诺给予客户优惠、包邮，或者答应客户一些其他的要求（如有赠品、发指定的快递等），就可以在客户拍下商品以后，在"已卖出的宝贝"中进行订单搜索、修改订单价格、修改运费及添加备注的操作。

2. 修改交易价格

在"已卖出的宝贝"中搜索客户订单，点击"修改价格"，在弹出的窗口中进行操作。修改价格可以通过打折和直接输入增加或减少的金额来完成。修改邮费可以通过直接输入邮费价格或点击"免运费"来完成。最后点击"确定"按钮，页面上就会显示已经修改好的价格。同时，客户将收到系统通知，提示已经修改好价格，可以付款了。

3. 修改交易备注

在交易过程中，如果客服人员与客户有特殊约定，就需要备注。在订单右上角有一面旗帜的标志，点击旗帜标志即可在弹出的窗口中进行添加备注或修改备注的操作，添加完毕后点击"确定"按钮进行保存。当为订单添加好备注信息后，把鼠标放在"已卖出的宝贝"页面旗帜上，会自动显示备注内容。

4. 评价管理

点击"评价管理"按钮，进入评价管理页面。在这里，商家可以查看店铺动态评分、好评率等，也可以对客户的评价进行回复。除此之外，商家还可以对交易的沟通交流情况或客户的行为进行评价。通常，商家会在这里展示感谢客户的信任与光临，或者期待再次为客户提供服务等。

五、智能客服的含义与优势

（一）智能客服的含义

智能客服是在大规模知识处理的基础上（大规模知识处理技术、自然语言理解技术、知识管理技术、自动问答系统、推理技术等）发展起来的，是

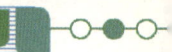

面向行业应用的，具有行业通用性，不仅为企业提供了细粒度知识管理技术，还为企业与海量客户之间的沟通建立了一种基于自然语言的快捷、有效的技术手段，同时能够为企业提供精细化管理所需的统计分析信息。智能客服是创新和使用客户知识，帮助企业提高优化客户关系的决策能力和整体运营能力的概念、方法、过程及软件的集合。

（二）智能客服的优势

1. 永不掉线，操作简单

7×24 小时在线，永不掉线，不会因无人应答而流失任何客户；操作简单，提供行业知识图谱，一键批量导入，降低知识库建设成本。

2. 降本增效，效果导向

应用智能客服可以降低人工成本，提高工作效率。同时，对于关键指标监控体系，机器人运营效果状况一目了然，可按算法、降本、提高用户体验三大指标体系衡量投入产出比，实现以效果为导向的智能客户服务。

3. 自主学习，性价比高

机器人可自主学习，自动挖掘和总结高频问句，自动聚类知识库未匹配的问题。用较低成本即可满足企业的日常运营，同时提供各种行业解决方案。

> ○ 知识拓展
>
> #### 阿里小蜜
>
> 阿里巴巴集团在 2015 年 7 月 24 日发布了一款人工智能购物助理虚拟机器人，并取名为阿里小蜜。阿里小蜜是一个无线端多领域私人助理，依托于客户真实的需求，通过"智能＋人工"的方式为客户提供极致的购物体验服务，提升客户留存率并创造价值。
>
> 阿里小蜜集合了阿里巴巴集团的淘宝网、天猫、支付宝等平台日常使用规范、交易规则、平台公告等信息，凭借阿里巴巴集团在大数据、自然语义分析、机器学习方面的技术积累，精炼为几千万条真实、有趣，且实用的语料库（此后每天净增 0.1%），通过理解对话的语境与语义，实现了

超越简单人机问答的自然交互。这种自然的人机交互就是让机器变得更自然，学习人的沟通的方式——语音、手势、表情等交流方式，让机器更加容易理解人的思想和意图，最终成长为客户的私人购物助理和贴心生活助手。这种人工智能和以前的概念不同，更多是通过云计算、大数据、深度神经网络等技术让机器逐渐具有一种基于数据相关性所产生的基本智能。

阿里小蜜可完成售前智能营销（商品推荐、主动营销、活动学习、智能催拍）、售中售后自动化处理、数据大屏、智能辅助等，打造24小时不间断、从售前到售后全链路的智能服务。

任务拓展

1. 打开淘宝规则，熟悉淘宝规则的主要内容。
2. 利用所学知识下载、安装千牛工作台，并对其进行设置和应用。
3. 搜集因缺乏规则意识、法律意识而造成的客服工作失意的反面案例，提升规则意识、法律意识和安全意识。

项目测试

一、简答题

1. 请回答什么是电子商务客户服务。
2. 电子商务客户服务有哪些分类？
3. 电子商务客户服务对于企业有哪些意义？

二、实训题

1. 请以客户的身份注册三个不同的电商平台的用户，认识、查看三家电商平台的客户服务中心，并进行评价。
2. 分角色扮演电商客服人员和客户，利用千牛工作台进行模拟交易。

项目一　电子商务客户服务基础综合评价表

学生姓名		班级		组别	
实训场地				实训时间	
实训设备				综合成绩	

评价内容	考核项	评分标准	自评得分	组间互评	教师评分
职业素养	规则意识、责任意识	A. 作风严谨，自觉遵章守纪，能出色地完成工作任务 B. 能够遵守规章制度，并较好地完成工作任务 C. 遵守规章制度，但没完成工作任务，或者虽完成工作任务，但未严格遵守规章制度 D. 不遵守规章制度，没完成工作任务			
	学习态度	A. 积极参与教学活动，全勤 B. 缺勤达本项目总学时的10% C. 缺勤达本项目总学时的20% D. 缺勤达本项目总学时的30%			
	团队合作意识	A. 与同学协作融洽，团队合作意识强 B. 与同学能沟通，协同工作能力较强 C. 与同学能沟通，协同工作能力一般 D. 与同学沟通困难，协同工作能力较差			
	工匠精神	在学习过程中精益求精			
	劳动精神	A. 能够反复操作软件，且熟练掌握 B. 熟悉软件操作，会用但不够熟练 C. 只是了解软件的功能，不熟悉软件的操作			
	卫生5S评价	在完成实训后能及时清理实训室，工具摆放整齐，严格遵守安全操作规程，若违反安全操作规程则扣3～10分			

续表

学生姓名		班　级		组　别	
实训场地				实训时间	
实训设备				综合成绩	
评价内容	考 核 项	评分标准		自评得分	组间互评	教师评分
专业能力	任务一	A. 学习活动评价成绩为90～100分 B. 学习活动评价成绩为75～89分 C. 学习活动评价成绩为60～74分 D. 学习活动评价成绩为0～59分				
	任务二	A. 学习活动评价成绩为90～100分 B. 学习活动评价成绩为75～89分 C. 学习活动评价成绩为60～74分 D. 学习活动评价成绩为0～59分				
项目测试	项目完成情况	A. 按时、完整地完成实训操作与项目测试，问题回答正确 B. 按时、完整地完成实训操作与项目测试，问题回答基本正确 C. 未能按时完成实训操作与项目测试，或者完成不完整、错误较多 D. 未完成实训操作与项目测试				

项目二 电子商务客户服务工作内容与工作要求

项目导入

电子商务客户服务工作是电子商务活动中必不可少的环节，是商家与客户进行沟通的重要环节。商家只有通过客服人员对客户进行答疑解惑，才能更好地了解客户需求，提升询单转化率，从而获取更大的利润。

电子商务客户服务的工作形式比较单一，不论哪种类型的商家，不论在何种电商平台之上，其工作内容和工作要求都是相似的。因此，我们有必要清楚地了解电子商务客户服务的工作内容和工作要求，以便做好电子商务客户服务工作。而客服人员要做好客户服务工作，首先要了解电子商务客户服务的工作内容，掌握与客户沟通的技巧和处理投诉的技巧，利用数据分析工具分析客户的特点，有针对性地满足客户需求。

同时，客服人员需要应对客户所提出的各种各样的问题，这就需要客服人员储备完善的商品知识，能够耐心、细心、快速地帮助客户解决问题。面对各种各样的客户，客服人员还需要不断地进行自我心理调节，管理好自己的情绪。各位同学要理解电子商务客户服务行为规范，培养客服人员所需的相关素质，提升自身的沟通能力、学习能力等，为将来更好地完成电子商务客户服务工作做好准备。

项目描述

了解电子商务客户服务的工作内容与工作要求

熟悉电商客服所需的素质

提升电子商务客户服务的能力

项目实施

电子商务客户服务工作内容与工作要求

- 任务一 电子商务客户服务的工作内容
  - 电子商务客户服务的工作流程
  - 电子商务客户服务的沟通技巧
  - 处理客户投诉
  - 对电子商务客户关系的管理
  - 进行电子商务客户服务数据分析
  - 对电子商务客户服务员工的管理

- 任务二 电子商务客户服务的工作要求
  - 电商客服人员的知识要求
  - 电商客服人员的能力要求
  - 电商客服人员的心理素质要求
  - 电商客服人员的品格素质要求
  - 电商客服人员应具备的其他综合素养

项目二　电子商务客户服务工作内容与工作要求

任务一　电子商务客户服务的工作内容

任务情境

王小明在进入家乡的电子商务服务站实习后，被安排到客服部。经过前期有关电子商务客户服务的基础知识和客户服务工具应用的学习，他初步认识了电子商务客户服务工作。然而，对于这项工作还有哪些具体的工作内容，他还不太清楚。通过对本任务的学习，我们一起来了解电子商务客户服务具体的工作内容，同时树立职业理想，做好职业规划。

任务目标

➡ 知识目标

了解电子商务客户服务的工作内容

掌握电子商务客户服务的知识体系

➡ 技能目标

提高知识梳理的能力

学会利用现有平台搜集信息

➡ 素养目标

激发学习电子商务客户服务与管理的兴趣

培养客户服务意识和沟通协作意识

树立远大的职业理想

任务实施

一、电子商务客户服务的工作流程

电子商务活动与其他的商务活动不同，一个完整的电子商务客户服务工作（可简称"客服工作"）包括推广、销售、售后，其中的任何一个阶段都离不开客户服务。从客户浏览网页开始，客服工作就已经开始了，直到销售、售后，客服工作贯穿了电子商务活动的整个过程，如图2-1所示。

大中型网店，由于订单多、咨询量大，因此其客服工作分工尤为重要。流水化的客服工作模式不仅易于管理和考核，还能让客服人员各司其职，有条不紊地工作，有效降低客户对客服工作的投诉率。我们按照业务职能可以将客服工作分为售前客服、售中客服和售后客服，三者的划分节点是下单付款和客户签收。

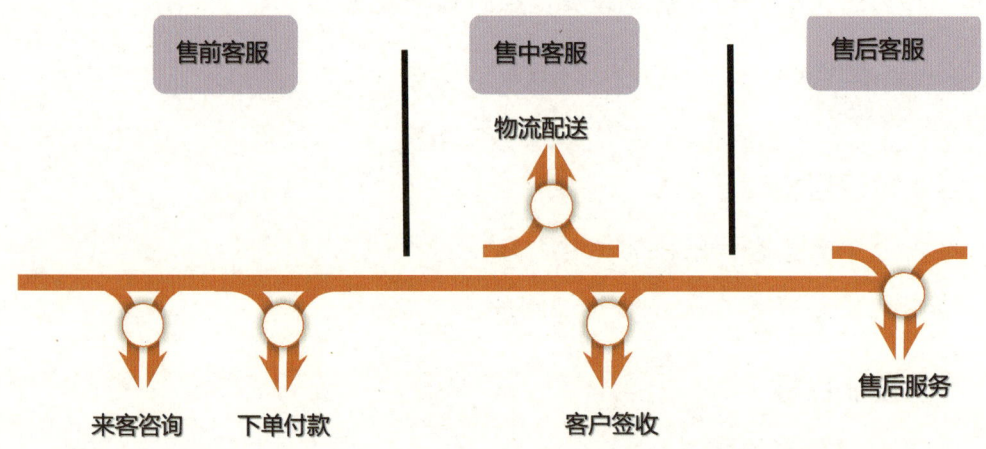

图2-1 电子商务客户服务的工作流程

二、电子商务客户服务的沟通技巧

通过网络购物无法看到商品实体，往往给人比较虚幻的感觉，因此，为了促成交易，客服人员必将扮演着重要的角色。客服人员与客户之间的桥梁就是沟通。因此，客服人员掌握基本的客服礼仪、熟悉沟通交流技巧的应用对促成交易至关重要。这就要求客服人员能够懂得倾听客户的话语，能够从客户的话语中得知其是否真正理解了客服人员的意思；客服人员还要懂得如何说才能维护客户的尊严，并且拉近自己与客户之间的距离。

三、处理客户投诉

客户投诉对企业是非常有价值的。企业可以通过客户投诉及时发现产品或服务的不足和失误。客服人员在面对客户投诉时应积极应对，根据客户投诉的原因和具体形式，遵循"先情感后事件"的原则，将心比心，妥善处理客户投诉。

大部分心存不满的客户从来不抱怨。而对于提出投诉的客户来说，如果他们的问题能够得到及时、妥善的解决，他们会比没有问题的客户更加感到满意。客服人员能否有效地处理客户投诉，不仅影响着企业的形象和品牌，还会给企业的利润带来很大的影响。

四、对电子商务客户关系的管理

在电子商务环境下，市场竞争日益激烈，客户行为特征有了新的变化，企业仅靠产品的质量已经难以留住客户，服务成了企业制胜的一张王牌。客户关系管理在电子商务中起到非常重要的作用。企业必须利用信息技术，通过对客户的追踪、管理和服务，留住老客户、吸引新客户，并根据客户的不同需求为客户提供个性化服务。

客户关系管理是一种旨在改善企业与客户之间的关系，提高客户忠诚度和满意度的新型管理机制。如果实施客户关系管理，那么企业和客户之间较容易形成合作伙伴关系，从而使销售的准确率和成功率提高。

五、进行电子商务客户服务数据分析

电子商务活动中的询单转化率、客单价、商品退款率等都属于数据分析的范畴。在大数据时代，各个电商平台都十分注重和推崇数据化运营。企业可以通过数据化运营了解同行的数据，进行自身评估，制定一个可以实现的目标。在日常经营中，企业还可以利用数据分析对阶段性目标进行分析，实时调整计划。企业在进行数据分析时可以使用站内的免费工具，也可以使用第三方付费工具。

通过数据分析，能挖掘出数据中蕴藏的情报价值。电子商务客户服务数据分析可以实现与商品关联进行的挖掘营销、社会网络营销、地理营销、用户行为的分析营销、个性化推荐营销的精准化营销，实现营销价值的最大化。

六、对电子商务客户服务员工的管理

员工管理在企业的竞争中有着独特的地位和作用。企业正确地处理企业与员工的关系、员工与员工的关系、员工与管理者的关系对企业的发展有着至关重要的作用。只有抓紧时间、加大力度对员工进行正确的管理，企业的竞争力才会增强，企业的效益才会扩大。

在进行员工管理时，企业需要做好以下几点：了解团队中的每个员工，制定统一的目标；建立精细化服务任务分配，实现权责分明；充分利用智能技术，进行个性化服务，提升工作效率；建立良性的奖惩机制，调动员工的积极性；使沟通渠道畅通，做好员工心理疏导工作。

任务拓展

1. 利用互联网查找典型的电子商务客户服务工作的案例，理解客户服务对企业效益的影响。

2. 小组思考讨论：在电子商务环境下，如何在客服工作中实现自己的人生理想，实现自身的价值？

任务二　电子商务客户服务的工作要求

任务情境

在对电子商务客户服务的工作内容有了深入的了解后，王小明发现一位

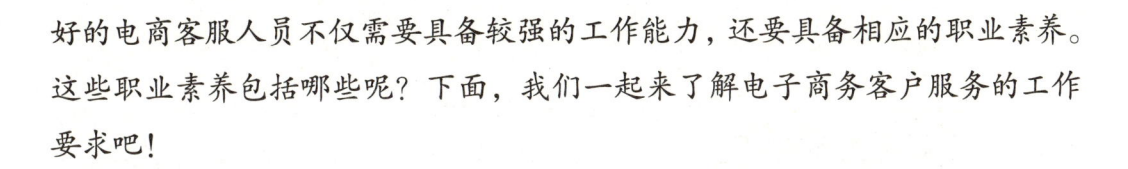

项目二　电子商务客户服务工作内容与工作要求

好的电商客服人员不仅需要具备较强的工作能力，还要具备相应的职业素养。这些职业素养包括哪些呢？下面，我们一起来了解电子商务客户服务的工作要求吧！

任务目标

➡ 知识目标
了解电商客服人员应具备的相关知识
掌握电商客服人员应具备的职业素养

➡ 技能目标
学会根据模拟情境组织话术进行对答
学会客服工作中心态的调整方法

➡ 素养目标
培养良好的服务意识
提升责任心和抗压能力

任务实施

一、电商客服人员的知识要求

一名合格的电商客服人员需要具有丰富的专业知识和业务技能，这样才能更好地帮助客户解决问题。

（一）专业知识

1. 产品知识

由于客户在网上购买产品时无法接触到产品本身，只能通过浏览页面，或者与客服人员进行沟通来获取产品的相关信息。对客服人员来讲，其对产品知识的掌握是非常重要的，关乎客服人员能否准确地推荐产品、做好关联销售、解决客户遇到的各类有关产品的问题。客户想要了解的产品知识如图 2-2 所示。

2. 物流知识

物流在网店交易的各个环节中受外界环境影响最多，也是问题最多、被投诉最多的一环。客服人员在工作中应熟知不同物流的运作方式、物流信息的查询、物流问题的风险界定标准，以及平台物流问题的产生原因和处理方法。

图 2-2 客户想要了解的产品知识

（二）业务技能

1. 业务流程

熟悉客服工作的业务流程（如怎样寻找客户、如何询问客户、如何展示产品资料、如何从客户的角度说服客户），能够让客户更好地体验客服人员的专业化服务，这对于企业形象的树立、店铺询单转化率的提升都有着至关重要的作用。

2. 客服工具

阿里旺旺、微信、QQ、微博、京东咚咚、千牛工作台等都是重要的客服工具。提升自身打字水平，熟练掌握客服工具的使用，做好客户的维护和服务，有利于为客户提供个性化服务和提升客服人员的工作质量。

二、电商客服人员的能力要求

1. 资源收集能力

资源的收集与整理是客户服务的基础。客服人员应善于在工作前将本企业的产品知识、产品说明书、质量保证书、销售政策、电话号码簿整理成册，以备急需。除此之外，客服人员在工作中可以将各种话术、案例进行及时整理，不断提升自我。

2. 文字表达能力

善于倾听是做好客服工作的保障,良好的文字表达能力是电商客服人员的沟通技能。电商客服人员在与客户交流时要掌握招呼、提问、回答的技巧。

3. 观察分析能力

客服人员要想为客户提供服务,首先要了解客户的需求。这些需求有时不是客户直接表达出来的,而是需要客服人员在与客户的沟通过程中根据客户的心理活动并结合客户信息分析总结出来的。因此,敏锐的观察分析能力是使客服工作让客户满意的关键。

4. 沟通协调能力

沟通协调能力是电商客服人员的基本技能素质。客服工作的每个环节都离不开沟通协调。客服人员在与客户沟通的过程中要正确使用服务用语,提升自身的沟通协调能力,为客户提供满意的服务。同时,客服人员在企业内部也应具有良好的协调能力。

三、电商客服人员的心理素质要求

(一)心理素质

电商客服人员应具备的心理素质如表 2-1 所示。

表 2-1　电商客服人员应具备的心理素质

心理素质	简要介绍
抵抗挫折,永不言败	哪怕客户不签单也不气馁,保持良好的心态,鼓起勇气,继续前进
适应变化,不断进取	能够应对各种突发事件;面对各种客户、各种突发事件都能够稳妥处理;遇到困难不退缩,做好客服工作
压力调整,情绪管理	电商客服人员每天接触各种客户,情绪不断切换,当出现负面情绪时要加以调节,管理好自己的情绪,以利于自身健康,便于开展工作
满负荷情感付出	电商客服人员要以热情、积极的态度和礼貌的语言服务好每位客户,做到一视同仁、热情服务

(二)情绪管理

电商客服人员需要进行情绪管理,通常可以从以下几方面来调节自己的情绪。

1. 认知调节

这是指通过改变自己的认知来改变自己的情绪，如站在客户的角度去考虑问题或带着平常心来工作，有利于防止负面情绪的产生。

2. 自我暗示

这是指在心里进行自我暗示，可以利用自己的声音、语调对自身产生镇静作用，也可以用微笑来调节自己的情绪——微笑可以为自己驱散阴霾。

3. 人际调节

当出现不好的情绪时，客服人员可以通过与朋友沟通来倾吐烦恼，表达情绪，也可以求助有经验的前辈或专业的心理咨询师。

四、电商客服人员的品格素质要求

电商客服人员应具备的品格素质如表 2-2 所示。

表 2-2　电商客服人员应具备的品格素质

品格素质	简要介绍
爱岗敬业，忠于职守	一名优秀的电商客服人员应该对其所从事的工作充满热爱，兢兢业业地做好每件事
忍耐与宽容	电商客服人员需要包容和理解客户。不同客户的性格不同，人生观、价值观也不一样，可能在生活中你们无法成为朋友，但在工作中你需要去适应客户，去满足客户需求
真诚、谦虚的态度	电商客服人员一定要态度谦和，因为谦和的服务态度是赢得客户满意度的重要保证
强烈的集体责任感	客服工作不是一个人单打独斗，需要团队成员的配合，电商客服人员要有为集体获得荣誉、树立良好的企业形象的责任感

五、电商客服人员应具备的其他综合素养

客服工作贯穿于电子商务运营的始终，除前面介绍的职业素养外，客服人员还需要具备很多综合素质，如客户第一的服务理念、独立处理突发事件的能力、良好的倾听能力、分析解决问题的能力等。

任务拓展

1. 学生6人一组，1人作为客服人员，5人作为客户，与客服人员进行沟通，考验客服人员的技能素养。

2. 当你的老客户不断流失时，你的心情开始焦躁不安，抱怨不断。你认为出现此状况的原因是什么，你会如何处理？

3. 小组思考讨论：社会主义核心价值观在电商客服人员应具备的素养中是如何体现的？

项目测试

一、简答题

1. 电子商务客户服务的工作内容主要包括哪些？
2. 电商客服人员应如何排解压力？

二、选择题

1. 当客户有失误时，客服人员应该如何处理？（　　）

    A. 直接对客户说"你搞错了"。

    B. 用"我觉得这里存在误解"来间接地说明客户的错误。

    C. 直接对客户说"这不是我的错"。

    D. 对客户说："怎么搞的，重新填。"

2. 向客户道歉时，下列选项错误的是（　　）。

    A. 道歉语应文明而规范

    B. 道歉应及时

    C. 道歉应大方

    D. 道歉应尽量谦卑，贬低自己，抬高客户

项目二 电子商务客户服务工作内容与工作要求综合评价表

学生姓名		班 级		组 别			
实训场地				实训时间			
实训设备				综合成绩			
评价内容	考核项	评分标准			自评得分	组间互评	教师评分
职业素养	安全意识、责任意识	A. 作风严谨，自觉遵章守纪，能出色地完成工作任务 B. 能够遵守规章制度，并较好地完成工作任务 C. 遵守规章制度，但没完成工作任务，或者虽完成工作任务，但未严格遵守规章制度 D. 不遵守规章制度，没完成工作任务					
	学习态度	A. 积极参与教学活动，全勤 B. 缺勤达本项目总学时的10% C. 缺勤达本项目总学时的20% D. 缺勤达本项目总学时的30%					
	团队合作意识	A. 与同学协作融洽，团队工作意识强 B. 与同学能沟通、协同工作能力较强 C. 与同学能沟通、协同工作能力一般 D. 与同学沟通困难、协同工作能力较差					
	职业理想	能否对自己的职业生涯有初步规划					
	抗压能力	A. 能够进行自我调节，心态稳定 B. 需要通过他人干预进行心理调节，心态有起伏 C. 易受外界干扰，心态不稳定					
	卫生5S评价	在完成实训后清理实训室，工具摆放整齐，严格遵守安全操作规程，若违反安全操作规程则扣3～10分					

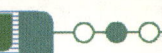

续表

学生姓名		班级		组别		
实训场地				实训时间		
实训设备				综合成绩		
评价内容	考核项	评分标准	自评得分	组间互评	教师评分
专业能力	任务一	A. 学习活动评价成绩为 90～100 分 B. 学习活动评价成绩为 75～89 分 C. 学习活动评价成绩为 60～74 分 D. 学习活动评价成绩为 0～59 分			
	任务二	A. 学习活动评价成绩为 90～100 分 B. 学习活动评价成绩为 75～89 分 C. 学习活动评价成绩为 60～74 分 D. 学习活动评价成绩为 0～59 分			
项目测试	项目完成情况	A. 按时、完整地完成实训操作与项目测试，问题回答正确 B. 按时、完整地完成实训操作与项目测试，问题回答基本正确 C. 未能按时完成实训操作与项目测试，或者完成不完整，错误较多 D. 未完成实训操作与项目测试			

项目三 电子商务客户服务工作流程

项目导入

　　电子商务客户服务与传统客户服务的重要区别在于：电子商务客户服务主要通过在线接入提供服务。客服人员必须熟练掌握电子商务客户服务工作流程，能够在工作中灵活运用相关知识来解决实际问题，并善用软件工具，以提高工作效率。在日常工作中，高度的责任感、吃苦耐劳的精神、积极热情的服务意识对于客服人员来讲是十分重要的。此外，客服人员只有做到从客户的角度出发，才能提供更加优质的服务。

　　电子商务客户服务工作被细分为几个阶段，且每个阶段的服务都有其特殊的含义，客服人员需要在了解其含义的基础上掌握各个阶段的具体工作流程，做好相关客服工作。需要强调的是，在每个阶段，客服人员都应该遵循一定的工作原则，这样才能更加规范地为客户提供优质的服务。同时，接待技巧也是每个客服人员必须掌握的"必杀技"，针对不一样的客户、不一样的需求，客服人员需要及时找出问题的症结，善用各种技巧来化解矛盾、解除误会、出谋划策、降低损失。一个好的客服人员要擅长换位思考、转"危"为"机"，用自己的服务来获得客户的信任，提高客户的忠诚度，增强客户的归属感。

项目三 电子商务客户服务工作流程

项目描述

了解网店售前客服、售中客服、售后客服的含义

熟悉网店售前客服、售中客服、售后客服的工作流程

掌握网店售前客服、售中客服、售后客服的接待原则

掌握网店售前客服、售中客服、售后客服的接待技巧

项目实施

电子商务客户服务工作流程

- 任务一 售前客服及工作流程
  - 网店售前客服的含义
  - 客户购买需求分析
  - 网店售前客服的工作流程
  - 网店售前客服的接待原则
  - 网店售前客服的接待技巧

- 任务二 售中客服及工作流程
  - 网店售中客服的含义
  - 网店售中客服的工作流程
  - 网店售中客服的接待原则
  - 网店售中客服的接待技巧

- 任务三 售后客服及工作流程
  - 网店售后客服的含义
  - 网店售后客服的工作流程
  - 网店售后客服的接待原则
  - 网店售后客服的接待技巧

任务一　售前客服及工作流程

任务情境

王小明经过一段时间的学习,对电子商务客户服务的工作内容有了充分的认识,对企业文化和产品有了一定的了解,并顺利承担了售前客服的接待工作。什么是售前客服?具体的工作流程是怎样的?在工作中需要遵循怎样的原则,有什么样的技巧?如何更好地发挥团队的力量去解决问题?高度的责任感对于客服人员有怎样重要的意义?接下来,让我们一起来学习一下吧!

任务目标

● 知识目标

了解常见的购买心理

掌握分析购买心理的方法

掌握应对客户的策略

了解网店售前客服的含义

熟悉网店售前客服的工作流程

掌握网店售前客服的接待原则

掌握网店售前客服的接待技巧

● 技能目标

学会利用千牛工作台进行开展售前客服工作

● 素养目标

培养文明礼仪

培养耐心细致的服务意识

培养团队协作精神和责任感

任务实施

一、网店售前客服的含义

网店售前客服是指企业在销售产品前，通过网络接待客户，为客户提供的一系列服务活动。

二、客户购买需求分析

（一）常见的购买心理

1. 廉价心理需求

有这种心理需求的客户通常对价格十分敏感，喜欢对同类产品的价格进行仔细比较，更倾向于选购打折产品。换言之，有这种购买心理的客户通常心理价位比较低，喜欢讨价还价。

2. 实用心理需求

有这种心理需求的客户，首先，要求产品必须具备很强的实际使用价值，强调实用性；其次，在挑选产品时，重视产品的品质和使用方便性，追求经久耐用，对其他方面不会特别关注。

3. 个性化心理需求

有这种心理需求的客户更注重差异化、新奇、品牌、时尚，追求个性的张扬。这种心理往往体现在年轻人身上——他们对价格和实用性不是特别敏感。

4. 安全心理需求

有这种心理需求的客户更注重产品的安全性，尤其体现在对食品、药品、卫生用品、电器和交通工具等产品的安全性需求上。需要指出的是，关于食品的新鲜程度、药品的副作用、居家用品的化学成分、电器的用电保护、交通工具的防护措施等，都会影响到此类客户的购买欲望。

5. 追求美的心理需求

有这种心理需求的客户比较广泛，毕竟"爱美之心，人皆有之"。尤其是女性，她们更喜欢追求产品的艺术价值与欣赏价值。在挑选产品时，这类客户特别注重产品本身的造型美、色彩美，也十分关注产品给自己带来的美化作用、对环境的装饰作用等，从而实现艺术欣赏和精神享受的目的。

6. 自尊的心理需求

有这种心理需求的客户在追求产品品质的同时又追求品位，他们希望购买的产品可以得到其他人的认可。而在服务方面，他们则更希望得到尊重和热情的服务。

（二）购买心理分析

1. 客户画像及分类

电商客服人员通常需要通过与客户对话来分析其购买心理。面对大量客户，客服人员需要通过客户的语言和购买行为快速完成客户画像，将数量庞大的客户划分为不同的类别，然后进行有针对性的应对。按照不同的性格，客户通常可分为八种类型。

（1）理智型。这类客户往往有自己的规划和明确的购买意向，有主见，原则性强，一旦认定，则下单速度比较快；在购买过程中，除了必要的咨询，不易受客服人员的干扰；对购买过程中出现的问题能够客观对待，对店铺的评价也比较公正、负责。

（2）冲动型。这类客户与理智型客户截然相反，购物往往是没有规划的，随机性强，主要凭直觉下单，而且下单速度很快，在购买过程中较少进行比较和挑选。新奇的产品更能唤起这类客户的购买欲望。

（3）随和型。这类客户易相处，易被突破心理防线，更容易接受客服人员的意见和建议。此类客户不太会拒绝，喜欢委婉地传达自己的意思。客服人员应耐心解答，避免引起客户的反感，从而达到说服对方的目的。

（4）内向型。这类客户比较冷淡，话比较少。在对待推销上，他们的反应并不强烈，甚至反感，因此说服其购买对客服人员来说难度很大。他们对产品挑剔，不喜欢客服人员过分热情，喜欢保持距离对话。客服人员对待这类客户需要把握分寸，争取给其留下良好的印象。

（5）虚荣型。这类客户喜欢凸显自己，比较任性，不喜欢听别人劝说。因为这类客户经常会因为虚荣而掩盖自己的真实意图，所以客服人员需要通过耐心沟通来了解其真正需求。

（6）谨慎型。这类客户对产品持谨慎态度，对客服人员持怀疑态度，对服务的专业程度、产品的相关数据比较敏感，喜欢反复比较，经常犹豫不决，下单缓慢。

（7）固执型。这类客户在消费上往往具有特别的偏好，年龄偏大的客户占比更高。他们喜好稳定，对新、奇、特产品较抵触，不愿意轻易改变原有的消费模式与结构，对客服人员的态度不够友好。

（8）强势型。这类客户好胜心强，对事物的判断比较专横，喜欢将自己的想法强加于人，征服欲强；喜欢在细节上与客服人员争个明白，容易发生口角，不胜决不罢休。对此，客服人员需要保持良好的心态，避免不必要的争论。

2. 分析客户的意图

客户在网上购物的过程中与客服人员进行沟通是为了解决一些疑问。在此过程中，客服人员需要通过细致的分析来识别客户的真正意图，从而判断这些意图是否合乎情理，并以此为前提解决实际问题，引导客户达成交易。

3. 关注客户的情绪变化

客服人员需要在交流过程中时刻关注客户的情绪变化，针对不同类型的客户采取不同的措施。有些客户情绪波动较大，一言不合就会离开；有些客户对客服人员较信任，一旦问题解决，就会马上下单；有些客户犹豫不决，反复纠结，需要客服人员进行适当的引导和催单方能下单。由于网上沟通主要通过文字和表情符号来进行，所以客服人员需要通过客户发送的内容、标点符号、表情符号及回复时间来判断客户的情绪，然后采用不同的策略进行恰当处理，以达到成交的目的。

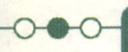

4. 常见的应对客户的策略

客户在明确自己的需求，对产品和服务进行询问时，会通过与客服人员的沟通来传递他们不同的心理特征。这时，客服人员需要在准确分析客户心理的基础上，采用有针对性的策略进行有效应对。针对不同类型的心理需求，客服人员可以运用不同的策略。常用的策略包括以下几种。

（1）对具有廉价心理需求的客户，客服人员多采用低价策略，主要突出折扣和促销活动的作用。店铺常用的低价策略包括满（买）就送、满就减、会员折扣、秒杀、限时折扣等。这样的策略可以满足这类客户的心理需求，给予其消费刺激。

（2）对具有实用心理需求的客户，客服人员应更多地突出产品品质、耐用程度等。客户会关注产品是否物有所值，当性价比达到其预期，满足其心理需求时，便极易达成交易。

（3）对具有个性化心理需求的客户，客服人员需要从客户的角度去思考，通过新品、定制、时尚、奇特等来吸引客户，在满足其个性需求的同时，需要给予一定的体验保障，让客户打消尝试的顾虑。

（4）对具有安全心理需求的客户，客服人员需要从客户关心的角度考虑问题，如是否"绿色"、是否环保、是否安全、是否在保质期内等。只有帮助客户打消顾虑，客户才能顺利下单。

（5）对具有追求美的心理需求的客户，客服人员应着重从产品外形、包装等方面来满足客户需求，充分考虑产品给客户带来的艺术价值，服务于展现客户的美、创设美的环境等。

（6）对具有自尊的心理需求的客户，客服人员需要关注产品的品位，从包装、品质、外观等多个方面进行考量，如从送礼要凸显面子、服饰需要凸显地位等进行引导，同时注重与客户交流的技巧，充分尊重对方，以期达到成交的目的。

三、网店售前客服的工作流程

网店售前客服人员是客户进入网店后的直接接待者，与客户是否流失息息相关。网店售前客服人员在工作中需要遵循一定的工作流程。具体工作流程包括接待咨询、产品推荐、处理异议、促成交易四个阶段，如图 3-1 所示。

接待咨询 ⇒ 产品推荐 ⇒ 处理异议 ⇒ 促成交易

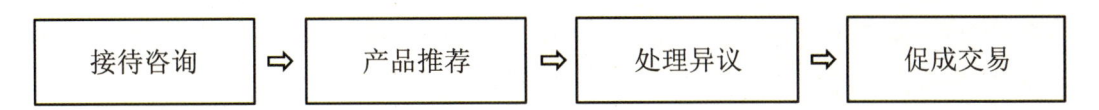

图 3-1　网店售前客服的工作流程

（一）接待咨询

客服人员接待客户要做到热情主动、认真倾听、科学引导，对于客户询问的问题要认真解答。客服人员在与客户沟通过程中应保持真诚，同时保持良好的情绪状态，用心分析客户的需求，为客户提供科学的引导——尤其在客户难以做出选择的时候，引导的作用显得尤为重要。

（二）产品推荐

客服人员进行产品推荐需要遵循精准的原则，以体现客服人员的专业性，让客户放心购买。在网上购物时，客户会面临选择尺码、长度、色彩搭配等问题。这时，客服人员需要在充分了解客户需求的基础上，推荐最贴合客户需求的产品。产品推荐话术如图 3-2 所示。产品推荐是获取客户信任的关键环节，不但可以促成交易，还可以最大限度地避免售后问题和交易纠纷，提高客户的忠诚度，从而获得更多的回头客。

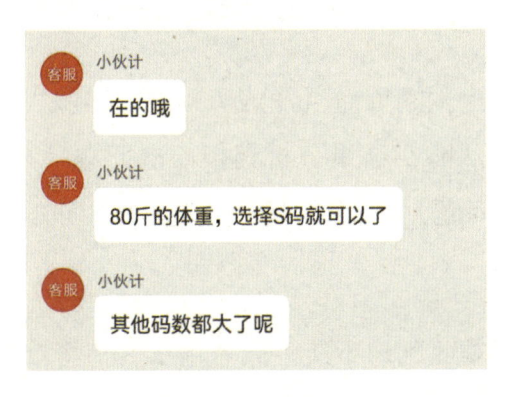

客服　小伙计
在的哦

客服　小伙计
80斤的体重，选择S码就可以了

客服　小伙计
其他码数都大了呢

图 3-2　产品推荐话术

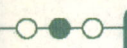

（三）处理异议

在销售产品之前的服务过程中，客户对于产品、支付、成交条件等会产生一些问题和异议。对此，客服人员需要耐心细致地进行解释和协商。很多时候，客服人员需要认真分析客户的心理，找到症结和客户的关注点，打消客户的顾虑，消除异议。在服务过程中经常会有这样一种情况，客户表示其他店铺的产品价格更低。对此，客服人员可以向客户说明"一分价钱一分货"的道理，抓住客户对质量的需求，打消其价格顾虑，从而达成交易。处理异议话术如图3-3所示。

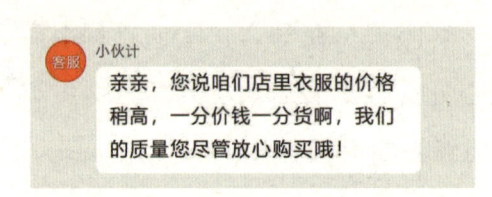

> 客服 小伙计
> 亲亲，您说咱们店里衣服的价格稍高，一分价钱一分货啊，我们的质量您尽管放心购买哦！

图3-3　处理异议话术

（四）促成交易

经过前面的几个阶段，客户往往会释放出明显的购买信号，但是经常难以决断，甚至出现个别客户拍下但不付款的情况。这时客服人员需要乘胜追击，尽快促成交易。促成交易的方法主要包括假定成交法、出谋划策法、暗示催促法、直截了当法。

1. 假定成交法

若客户因价格超出预期等而引发购买顾虑，客服人员可以引导其了解假定成交带来的利益，从购买结果分析其担心的问题（注意分析要有理有据，精准解决客户担心的问题），从而实现达成交易的目的。

2. 出谋划策法

当客户因选择困难而犹豫不决，或者由于客户喜欢多方比较、多角度考量等迟迟不能下单时，客服人员需要转换思路，站在客户的角度，帮助他们出谋划策，以专业的眼光给出有价值的意见和建议。这样，一旦客户的问题解决，就可以顺利成交。

3. 暗示催促法

很多客户在购买过程中喜欢多方询价，并不急于下单。针对这样的客户，客服人员可以采用暗示催促法。例如，客服人员可以通过先付款优先发货、现在付款有额外礼品赠送、活动时间即将结束等方式暗示客户尽早下单。暗示催促法话术如图 3-4 所示。

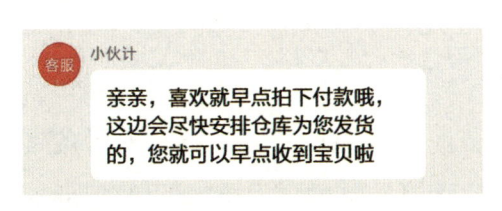

图 3-4　暗示催促法话术

4. 直截了当法

若与客户多次沟通，客户依然没有下单，客服人员则可以采用直截了当法。因为有前面的沟通作铺垫，所以这种方法看似更像一个友情提醒，看起来目的性不会太强，不会引起客户的反感。直截了当法话术如图 3-5 所示。

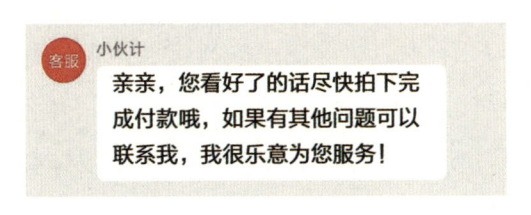

图 3-5　直截了当法话术

四、网店售前客服的接待原则

网店售前客服的目的在于促成销售。在这个过程中，客服人员的接待工作需要遵循一定的接待原则，从而给客户提供更加优质的服务，达成交易的目的。网店售前客服的接待原则主要包括以下五点。

（一）热情主动

客服人员与客户主要通过文字来进行沟通，在沟通过程中需要注意自己的语气、回复的速度、表情的运用等，让客户感受到客服人员的热情，拉近与客户的距离，并使其产生亲切感，从而为后续工作的顺利进行打下基础。

（二）礼貌待客

礼貌待客能够让客户一进店就感受到自己被重视、被关注。同时，礼貌是人际关系的润滑剂，也是矛盾的缓冲剂。礼貌待客可以拉近客服人员与客户的距离，也可以在拒绝客户时避免其因难以接受而出现不良反应。

（三）专业自信

在网上购物时，客户担心的一个问题就是通过店铺描述得到的信息是否准确。客服人员只有做到对店铺的产品有专业的把握，才能怀揣自信，给客户提供专业的、准确的帮助和建议。

（四）真诚耐心

客服人员通过真诚的服务能够获得客户的信任。只要信任关系建立起来，客服工作就会更加顺畅。面对各种各样的客户，客服人员要有足够的耐心和平稳的情绪，妥善处理客户提出的问题，让素未谋面的客户产生亲近感，为成交奠定基础。

（五）快速灵活

客服人员主要通过文字与客户进行沟通，这就对回复的速度提出了很高的要求。能够合理地分配时间，及时处理好多个消息，是对一名网店客服人员评定的重要标准。此外，在与客户沟通的过程中，客服人员要采用灵活的处理方式，针对客户不同的需求，能够提出个性化的、有针对性的解决方案。

五、网店售前客服的接待技巧

（一）应对客户的讲价技巧

1. 说明自己无权给客户降价

在沟通过程中，客服人员可以回答"亲亲，我没有权限给您优惠"，从而打消客户讲价的念头。

2. 强调公司定价不容改变

面对客户的降价要求，客服人员可以用公司定价不容改变来委婉地拒绝，同时向客户传递公司制度严格、管理规范的信息，从而增强客户的信任感。

3. 强调产品的优势

客户在购买的过程中往往会货比多家，或者利用对比策略的说辞来议价。这时，客服人员可以阐述产品的性价比、质量、服务等优势，说明不会因与其他店铺同类产品有差价而降价，并力争得到客户的认同。

4. 明确购买的附加值

客服人员可以通过明确产品的附加值，如送运费险、全国联保、上门安装等，让客户感受到购买的价值不局限于产品本身，从而打消客户议价的想法。

（二）巧用千牛客户服务平台提升服务效率

在进行售前服务的过程中，经常会出现客户询问的很多问题是相似、相同的情况，此时客服人员利用聊天软件的常见问题快捷短语回复功能，可以提高工作效率，提升服务质量。

1. 利用千牛客户服务平台的"自动化任务"功能提升效率

通过千牛客户服务平台的"自动化任务"可以对售前阶段的催拍、催付进行辅助，如图 3-6、图 3-7、图 3-8、图 3-9 所示。

图 3-6 自动化任务

图 3-7　自动催拍

图 3-8　催拍内容

图 3-9　基础催付设置

2. 收集常见问题

在进行网店产品常见问题的收集时，商家不仅可以针对自家店铺遇到的问题进行收集，还可以对同类网店的问题进行收集，尽量做到问题全面。在搜集好相关资料后，要完成常见问题统计表格的填写，如表 3-1 所示。

表 3-1 网店常见问题统计表格

问　　题	内　　容

商家经常设置的常见问题主要涉及的内容包括产品相关问题、评价问题、价格问题、服务问题、物流问题、售后问题、支付问题、使用体验问题等。

3. 使用"欢迎语"功能进行快速问答

在整理好常见问题后，商家可以通过千牛客户服务平台的"欢迎语"功能进行设置。传统的快捷短语添加比较简单，只需要逐条添加就可以了，如图 3-10、图 3-11 所示。此外，商家也可以通过外部问题库进行快速设置。

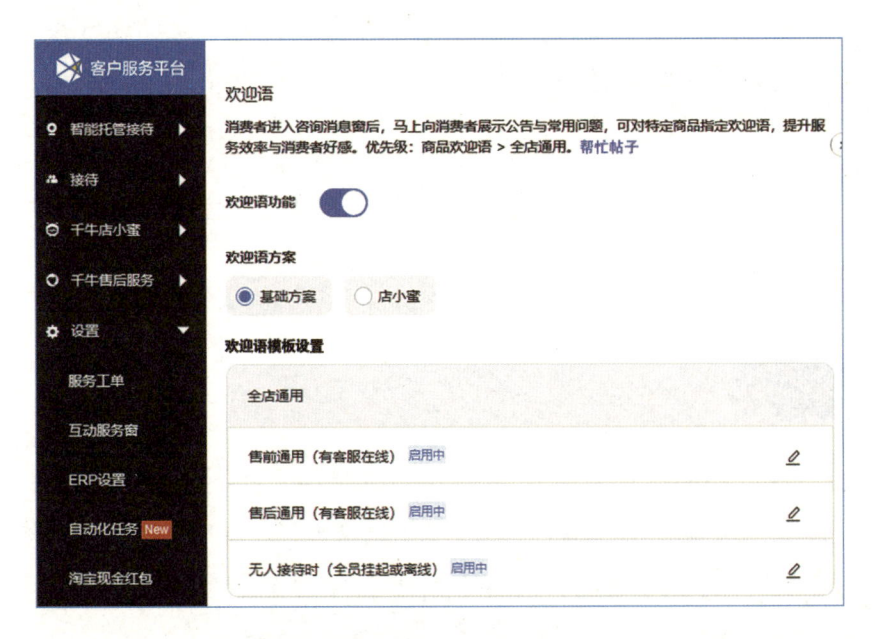

图 3-10 欢迎语售前通用设置

图 3-11　无人接待时通用模板设置

>> 任务拓展

利用互联网学习京东、当当网、拼多多等电子商务平台售前客服的具体工作流程，并进行比较和总结。

任务二　售中客服及工作流程

>> 任务情境

经过一段时间的学习，王小明已经可以胜任售前客服的工作了。在客户下单后，客服人员还可以为客户提供哪些服务？面对纷繁复杂的工作，吃苦耐劳的精神对确保高质量地完成任务有多么重要的意义呢？在服务过程中，客服人员需要注意什么呢？让我们一起来了解一下吧！

项目三　电子商务客户服务工作流程

任务目标

➡ 知识目标

了解网店售中客服的含义

熟悉网店售中客服的工作流程

掌握网店售中客服的接待原则

掌握网店售中客服的接待技巧

➡ 技能目标

学会利用千牛工作台进行店铺售中客服操作

➡ 素养目标

培养文明礼仪

培养耐心细致的服务意识

培养吃苦耐劳的精神

任务实施

一、网店售中客服的含义

网店售中客服是指自客户提交订单到确认收货的过程中，客服人员为其提供的服务。

二、网店售中客服的工作流程

在客户下单后，客服人员需要针对订单、物流等相关信息提供细致的服务。具体工作流程包括修改价格、核对订单信息、添加备注、礼貌送客、打单发货、物流信息跟踪六个阶段，如图3-12所示。

（一）修改价格

当与客户因邮资、价格等达成不同于原定价的新价格时，在买卖双方达成新的协议后，客服人员需要在权限范围内进行价格修改。需要注意的是，不同的电子商务平台的规则有所不同,如天猫只允许修改邮费,而淘宝集市店则允许修改价格和邮费。具体操作步骤如图 3-13 所示。

修改价格 ⇒ 核对订单信息 ⇒ 添加备注 ⇒ 礼貌送客 ⇒ 打单发货 ⇒ 物流信息跟踪

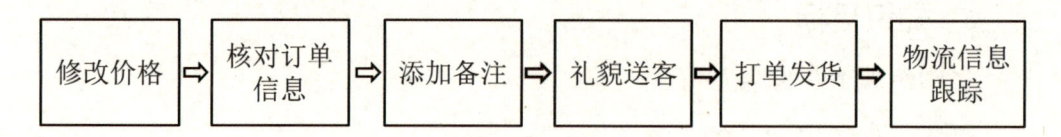

图 3-12　网店售中客服的工作流程

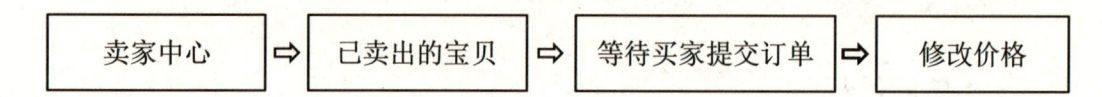

卖家中心 ⇒ 已卖出的宝贝 ⇒ 等待买家提交订单 ⇒ 修改价格

图 3-13　修改价格的操作步骤

（二）核对订单信息

客户在网店提交订单后,客服人员会收到相关信息。这时,客服人员需要通过即时沟通工具将客户填写的信息(包括订购的产品信息、收货地址、收货人姓名、联系方式、发货时间、送货物流等),发送给客户进行确认,如图 3-14 所示。

图 3-14　核对订单信息

（三）添加备注

添加备注往往是为了满足客户的特殊需求,如指定快递、指定颜色、附带赠品等。除了通过即时沟通工具了解情况,客服人员还需要查看"订单备注"，全面掌握客户需求，如图 3-15 所示。客服人员添加备注要及时，避免因遗忘导致对客户失信而带来不必要的纠纷。

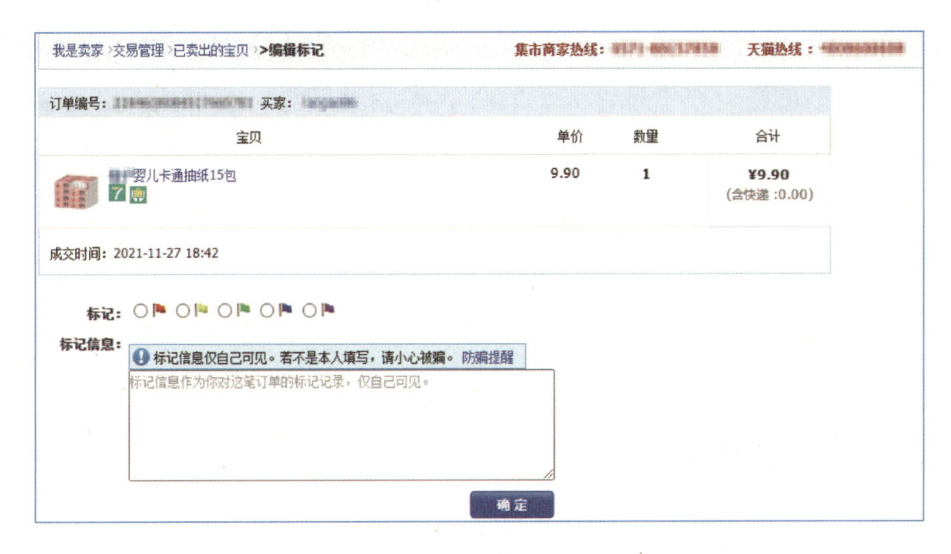

图 3-15　添加备注

（四）礼貌送客

当订单相关信息经确认无误后，客服人员需要利用礼貌的用语结合适当的表情表达对客户的谢意。这样不仅可以让客户感受到热情的服务，还可以给客户留下良好的印象——让客户感受到从始至终的热情服务与关注，享受到贴心和舒适的购物体验。礼貌送客语如图 3-16 所示。

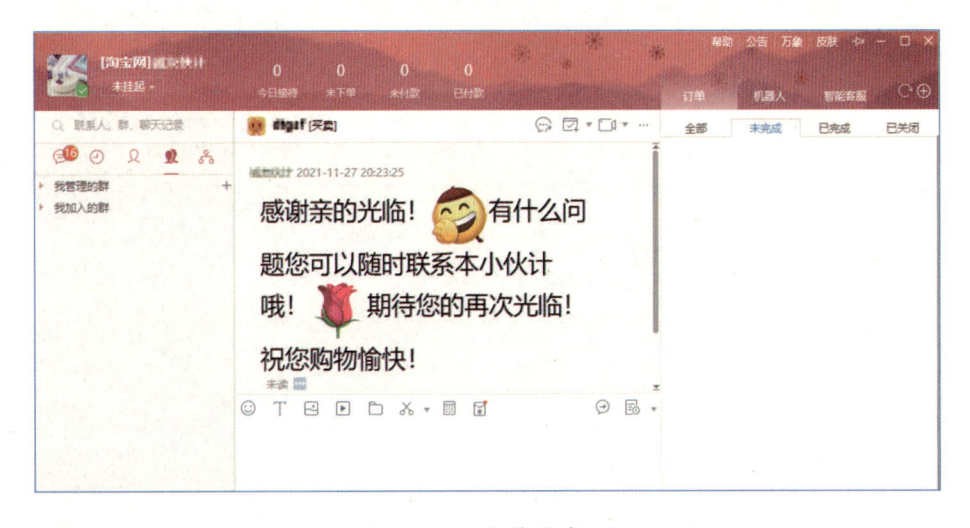

图 3-16　礼貌送客语

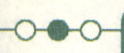

（五）打单发货

待订单生效后，客服人员要及时下单发货，可以人工写快递单信息，也可以直接打印，尽早安排仓库进行发货。在填写快递单的过程中，一定要注意相关信息的完整，除了寄件人、收件人等相关信息，客服人员还要注明快递产品的名称、数量，同时对是否投保进行勾选，并根据实际情况进行保价。除此之外，客服人员也可以使用第三方工具，自动分配订单到仓库，以便仓库人员进行审单、打单、发货。不同的电子商务平台可以选用不同的工具进行发货。需要确认的信息包括确认收货信息、确认订单信息、确认发货信息、确认物流信息等，如图3-17、图3-18所示。

（六）物流信息跟踪

发货后，客服人员需要在客户需要时提供查询快递信息、解决物流问题的服务。客服人员需要及时掌握订单的物流情况，以便更好地为客户服务，如图3-19所示。尤其是当因物流问题导致产品无法及时送达时，客服人员需要及时向客户传达相关信息、做好解释和协调工作，避免因此产生纠纷。

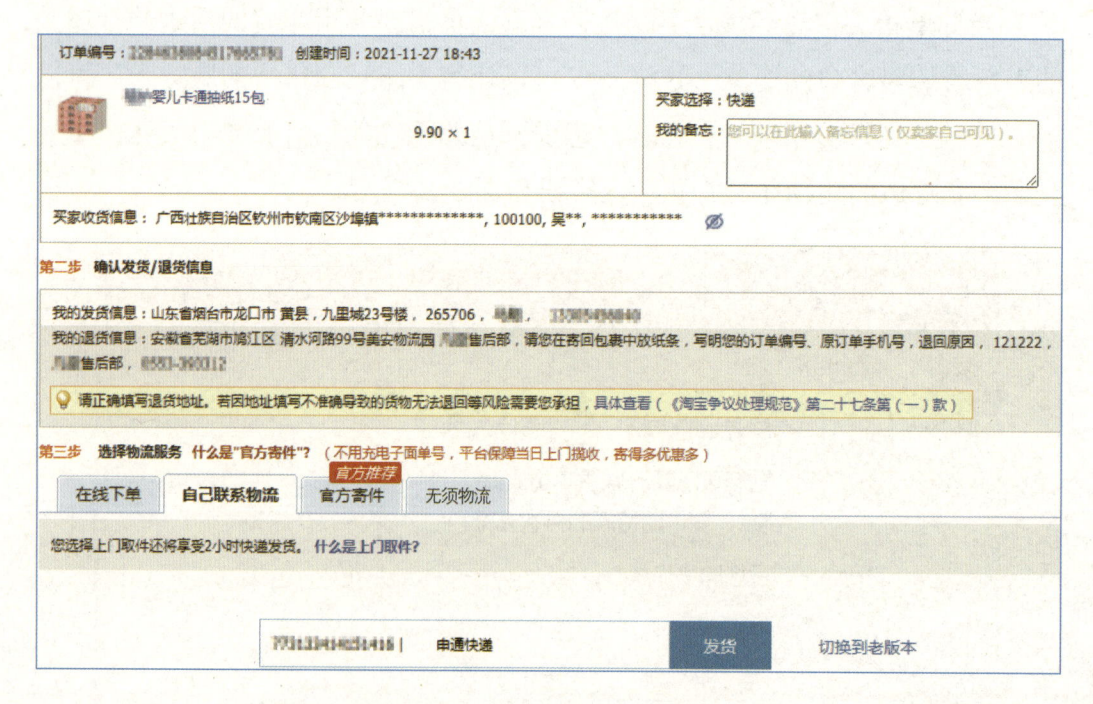

图3-17 打单发货确认相关信息

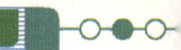

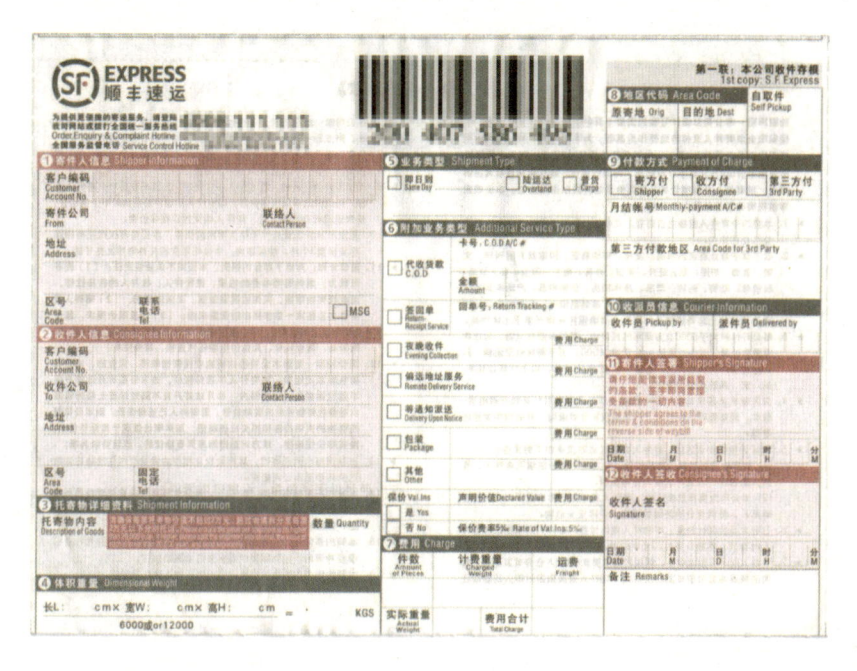

项目三 电子商务客户服务工作流程

图 3-18 纸质物流单

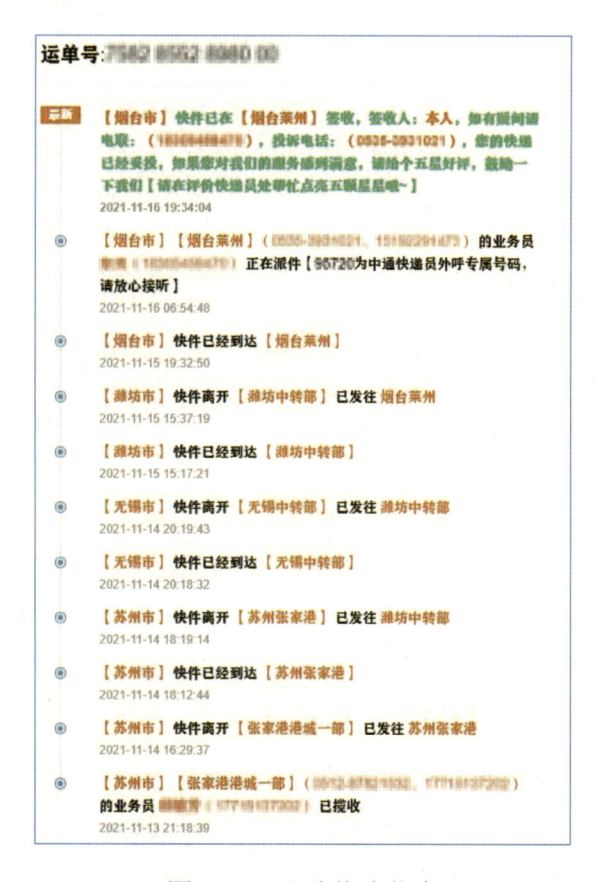

图 3-19 跟踪物流信息

55

三、网店售中客服的接待原则

售前促成客户下单只是完成了成交过程中的一项重要内容,网店售中客服的精准程度往往会影响成交的最终达成。网店售中客服的接待原则主要包括以下几点。

(一) 耐心细致

在进行售中服务的过程中,除了与客户进行沟通,更多的是对各种信息的确认与发货的处理,客服人员要保持耐心、细致的服务态度与客户进行沟通,确保相关数据准确地在彼此之间进行流动,保证产品顺利到达客户手中,避免因粗心导致信息出错而引起不必要的纠纷。

(二) 顾全整体

售中客服连接售前客服和售后客服,客服人员在处理相关事务的时候,需要兼顾交易的整个过程。例如,在信息的确认过程中,客服人员需要明确售前沟通的事宜和约定,确保信息无误,同时需要做好标注,为售后客服提供依据。服务具有连续性,在实际工作中不能把它生硬割裂开来,这样才能让客户有始终如一的良好购物体验。

(三) 准确可查

客服人员需要确保数据和信息的精准度,对于交易的六种状态(包括等待买家付款、买家已付款、卖家已发货、交易成功、待评价、已评价)也需要准确掌握。在操作过程中,客服人员需要保留好相关票据、约定截图等,便于售后维权、处理纠纷使用,做到有据可依。

四、网店售中客服的接待技巧

(一) 规范操作,避免纠纷

在进行售中服务的过程中,客服人员需要熟练掌握相关操作流程,规范操作,做到准确备注、及时发货、提醒当场验收、提醒确认收货等,避免因拖延、遗忘、疏忽而导致在交易过程中产生不必要的麻烦。

（二）积极沟通，解决问题

在进行售中服务的过程中，经常会遇到因物流配送延迟、发货延迟、发错货、补发货、服务无法按时提供等，导致货物、服务无法及时送达客户，或者无法一次性让客户收到所有的产品或服务的情况。这时就需要客服人员与客户进行沟通，沟通时应积极主动，设身处地地为客户着想，一定要进行有效沟通，为客户排忧解难。

任务拓展

请登录物流企业的网站，了解在网上下物流单、查询物流信息的方法及注意事项，并进行归纳总结。

任务三 售后客服及工作流程

任务情境

王小明在处理完多位客户下的订单后觉得终于可以松一口气了。坐在一旁的金牌客服小丽微笑着说："货发走了，但是客服工作并没有就此结束啊。"那么，发货之后客服人员还需要做什么呢？面对售后问题该如何保持高度的责任心，为客户负责到底呢？通过对本任务的学习，我们一起来了解一下吧！

任务目标

➡ 知识目标

了解网店售后客服的含义
熟悉网店售后客服的工作流程
掌握网店售后客服的接待原则
掌握网店售后客服的接待技巧

> **技能目标**

学会利用千牛工作台进行店铺售后客服操作

> **素养目标**

培养团队协作意识

培养勇于担当的责任感

任务实施

一、网店售后客服的含义

网店售后客服是指将产品或服务销售给客户后（即客户收货后），客服人员为其提供的服务，主要包括产品的使用介绍、安装、送货、维修、故障解决、退货、换货等服务。售后客服是交易过程中最后一个提供服务的阶段，和前面的两个阶段一样，都十分重要。成交不是结束，而是合作的开始——成交是客户真正了解一个店铺的开始。售后客服人员需要在交易的最后一程给客户留下好的印象，提升回购率。

二、网店售后客服的工作流程

（一）退换货

客户在收货后，由于自己的原因、产品的原因、物流的原因等可能提出退换货的要求。对于由后两个原因引起的退换货行为，客服人员需要耐心安抚客户的情绪，并协助其找到解决方法，尽量避免退换货的产生，从而提高店铺的成交率。当客户执意要退换货的时候，客服人员需要引导客户完成退换货流程。对于申请退货的，客服人员需要在客户寄回产品后跟踪物流信息，在收到货物经查验无误后，完成退货，并及时告知对方查收退款。对于申请换货的，客服人员除了要跟踪物流信息，还需要在发货后告知客户物流等信息，以便客户实时掌握相关信息，及时收货。在退换货过程中，客服人员要做好各种记录，便于工作的顺利开展。

（二）评价买家

若交易成功，客服人员可在 15 天内对买家（即客户）做出评价（仅操作信用评价，不涉及店铺评分哦）。若超时未评价，则评价入口关闭。值得注意的是，当卖家对买家做出好评，但买家一直未对产品进行评价时，系统会在交易成功的 15 天后给出默认评价（好评）。如果卖家对买家做出好评，则无法修改或删除；如果卖家对买家做出中评或差评，则可在规定时间内进入评价管理页面，在"给买家的评价"模块进行"改为好评"或"删除评价"操作。注意：天猫店铺的卖家无须对买家进行评价，在买家做出评价之后系统会自动对其进行评价（若买家未做出评价，则该订单无评价）。在淘宝平台，卖家评价买家的具体操作步骤如图 3-20 所示。

淘宝首页 → 千牛工作台 → 交易 → 订单管理 → 评价管理 → 待卖家评价

图 3-20　卖家评价买家的具体操作步骤

（三）回复买家评价

淘宝评价系统为买家提供三种可选择的评价——好评、中评和差评，三种评价分别给商家赋 1 分、0 分和 -1 分。在评价生效后的 30 天内，客服人员需要针对不同的评价做好引导和维护工作。如果产品得到认可和赞扬，客服人员需要针对评价给出正向的回应，在感谢买家的支持和认可的同时，对买家进行鼓励和夸赞，激发其他买家参与进来。与此同时，客服人员要记得肯定产品，增强买家对产品的好感，提升自己的服务水平。针对中差评，客服人员应做到回复内容不损害店铺信誉，避免无中生有，做到有理有据，所用文字的数量尽量多于买家评价的字数，吸引其他买家将关注点放在回复上。回复内容要将心比心，注意使用人性化的文字，从专业的视角回复，大度谦和，勇于担当，让其他买家看到事情的全貌和某些买家的评价的片面性。必要时，客服人员可提醒客户遵守平台规则，进行客观的评价。回复买家评价示例如图 3-21 所示。

> **快递速度慢，送货人员态度非常差**
>
> [掌柜解释]亲，非常抱歉，这次的交易没能让亲完全满意，看得出亲对我们的产品是很认可的。
> 亲关于快递的速度方面的问题，作为卖家的我们是最无奈的，有的地方速度快，有的地方速度慢。如果可以，我们真想自己开一个快递公司，为亲们专门送货。
> 亲对于快递人员送货态度的问题，我们也是非常气愤的，已经向快递公司相关部门进行了投诉，要求他们对这样的行为道歉。

图 3-21　回复买家评价示例

（四）中差评处理

当客户给出中差评后，除了前面所提到的回复内容，客服人员还要清楚评价是客户表达购物体验的一种方式，应先向客户了解不满的原因，尽可能满足客户的合理需求，主动提出换货、退货、补偿、退款、维修等补偿方式，同时完善店铺的不足之处，提升店铺的服务质量。若因为物流让客户产生不满，则可以通过物流分析，了解是物流的时效问题还是派送员的问题，可以考虑与多家物流公司合作，择优选择。一旦客户接受修改中差评，客服人员就应及时引导客户进行修改或删除（注意处理期限为 30 天）。当客户存在不合理评价行为时，客服人员可以发起不合理评价投诉。在淘宝平台，客服人员可以在卖家中心的评价管理中查看来自买家的评价，点击"投诉主评"，按提示操作即可。

三、网店售后客服的接待原则

（一）遵循"留用好于换货，换货好于退货"的原则处理退换货问题

很多网店都提供"无条件退换货"服务，但客服人员绝对不能因此而任由客户退换货而不进行任何挽回。在操作过程中，客服人员需要遵循"留用好于换货，换货好于退货"的原则与客户进行协商，在保证双方权益都能够得到保障的前提下降低退货率，以免因此给店铺带来负面影响。

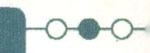

（二）熟悉规则，守住底线

在处理售后问题的过程中，客服人员需要在熟练掌握产品情况的同时，熟记相关法律法规、平台规范等内容，在与客户沟通的过程中，要及时保存好聊天记录，游刃有余地处理各种状况。尤其在针对客户的无理要求、面对客户的各种过激言语时，客服人员需要做到心平气和、不卑不亢、有理有据。

（三）妥善处理，变"危"为"机"

面对售后纠纷，客服人员要保持积极的态度，避免拖拉、敷衍、搪塞。在处理问题的过程中，很多客户在调整好自己的情绪后都能够理智地提出自己的诉求。客服人员要抓住机会，根据不同情况，在确保双方利益不受损害的同时，给客户提供更加人性化的服务，变"危"为"机"。处理好纠纷，能够增强客户的信任感、提高客户的忠诚度，提升回购率。

（四）换位思考，积极处理

在处理售后纠纷的过程中，很多时候客户都是带着满腔怒火"冲进"店铺，把自己的怒火一股脑地倾泻到客服人员身上的，恶语相向是"家常便饭"。对此，客服人员需要极强的克制力，在保持良好的心态的同时尝试换位思考，站在客户的角度分析问题，平息客户的怒气，然后根据客户的诉求，找到解决问题的最佳方案。在此过程中，客服人员要积极、妥善地处理相关问题，绝不可因自己的处理不当而增加客户的不满。

四、网店售后客服的接待技巧

（一）降低退货率的技巧

在处理退换货问题的过程中，客服人员要善于分析，对于一些小的质量问题（如有气味、有线头等），可以与客户协商能否给予小额补偿，让其留下产品。当客户表示不喜欢颜色或大小不合适时，客服人员要积极主动地为客户调货，力争劝其换货，避免退货的发生。当客户由于个人原因不喜欢时，客服人员可以通过沟通了解需求，推荐更加合适的产品，促成换货。

（二）售后客服人员的自我保护技巧

当客户对产品提出质量问题时，客服人员需要收集相关证明的照片，与客户协商并达成相关约定，然后对售后处理的订单进行记录。在此期间，客服人员需要将照片、聊天截图、订单信息保存到特定的文件夹中，以备随时调用取证。注意将图片名称或文件夹以客户的淘宝账号命名，便于查询。客服人员平时要注重整理保存相关材料，这样才能在遇到特殊情况时有理有据地应对，从而维护自己及店铺的权益。

（三）实时掌握库存状态

客服人员可以通过千牛工作台查看库存状态，在"卖家中心"选择"出售中的宝贝"来查看出售中的产品，掌握仓库产品的存量，确保销售、退货、换货的顺利进行。产品的状态包括有现货、配送、预定、无货。

任务拓展

在网上搜集售后客服的案例，尝试利用所学的知识分析和解决实际问题，分类总结在售后服务过程中遇到的问题及对策。

项目测试

一、简答题

1. 什么是售前客服？
2. 售前客服的工作流程是怎样的？
3. 售前客服需要遵循什么接待原则？
4. 售前客服有哪些接待技巧？
5. 什么是售中客服？
6. 售中客服的工作流程是怎样的？
7. 售中客服需要遵循什么接待原则？
8. 售中客服有哪些接待技巧？

9. 什么是售后客服？

10. 售后客服的工作流程是怎样的？

11. 售后客服需要遵循什么接待原则？

12. 售后客服有哪些接待技巧？

二、实训题

1. 通过网络搜集主营文具的网店的常见问题，并填写表格。

问　　题	内　　容

2. 针对第1题总结的问题设计快速回答答案，利用千牛工作台的"欢迎语"功能进行快速问答设置，并写出设置过程。

问　　题	快速回答答案

快速问答设置的过程：

_____

_____

_____

_____

3. 请通过网络尝试查询物流信息，并完成下面的统计表格。

快递公司	浏览器网址	其他方式（公众号等）	服务电话
顺丰速运			
申通快递			
圆通速递			
天天快递			
中国邮政 EMS			

4. 通过千牛客户服务平台的"自动化任务"功能，对售前阶段的催拍、催付进行设置，并总结设置操作过程。

_____

_____

_____

_____

_____

5. 请根据提供的信息手工填写下面的快递单。

寄件人：王丽

寄件人地址：山东省济南市历城区敬德街555号

寄件人电话：155××××××××

邮政编码：××××××

收件人：李明

收件地址：吉林省通化市东昌花园小区

收件人电话：156××××××××

邮政编码：××××××

商品名称：台灯

保价：100元

重量：5斤

快递费用：15元

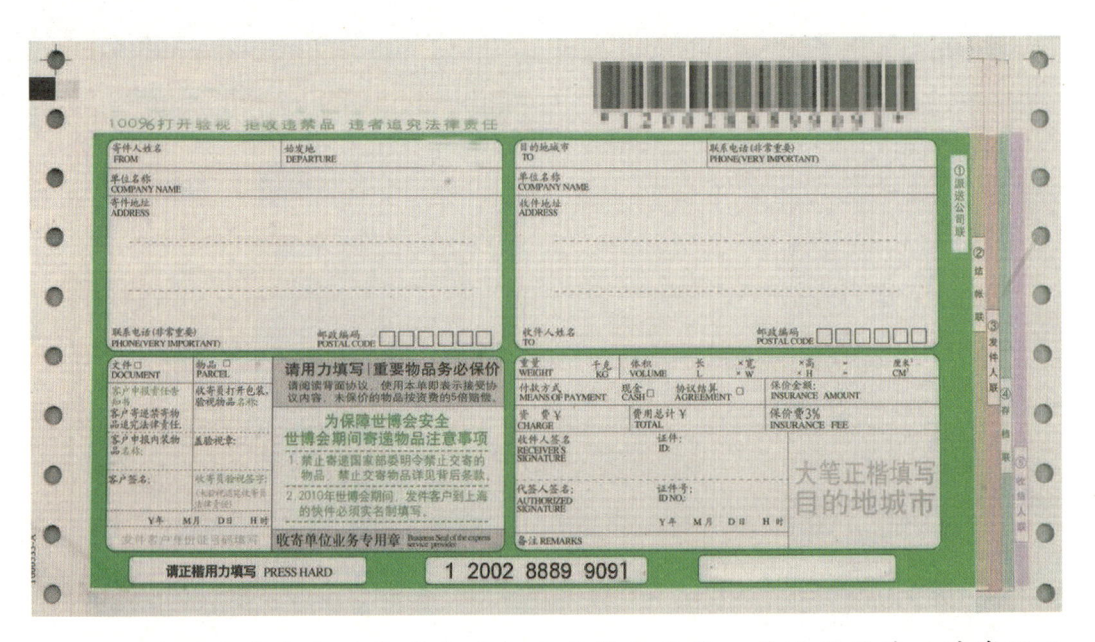

6. 使用千牛客户服务平台进行网店售中客服工作流程操作，并填写下面框图。

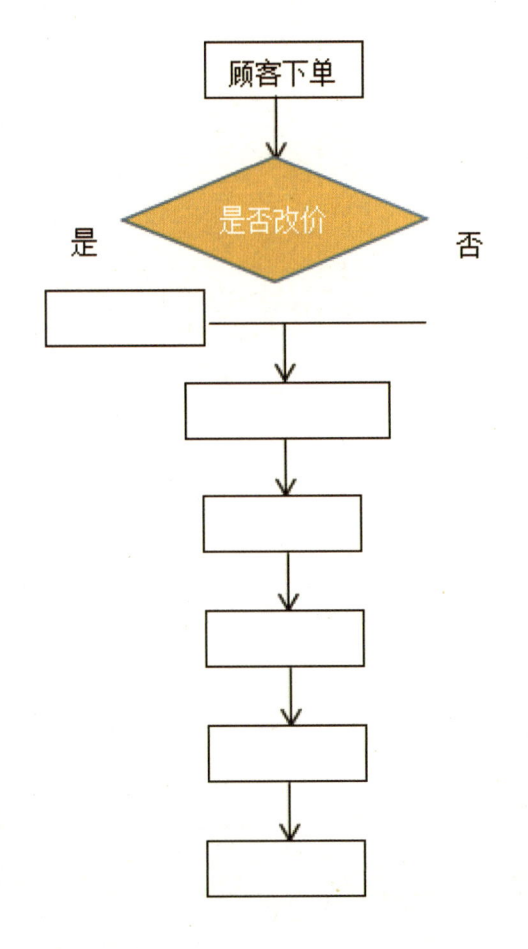

项目三 电子商务客户服务工作流程综合评价表

学生姓名		班　级		组　别	
实训场地				实训时间	
实训设备				综合成绩	
评价内容	考核项	评分标准	自评得分	组间互评	教师评分
职业素养	安全意识、责任意识	A. 作风严谨，自觉遵章守纪，能出色地完成工作任务 B. 能够遵守规章制度，并较好地完成工作任务 C. 遵守规章制度，但没完成工作任务，或者虽完成工作任务，但未严格遵守规章制度 D. 不遵守规章制度，没完成工作任务			
	学习态度	A. 积极参与教学活动，全勤 B. 缺勤达本项目总学时的10% C. 缺勤达本项目总学时的20% D. 缺勤达本项目总学时的30%			
	团队合作意识	A. 与同学协作融洽，团队合作意识强 B. 与同学能沟通，协同工作能力较强 C. 与同学能沟通，协同工作能力一般 D. 与同学沟通困难，协同工作能力较差			
	创新能力	在学习过程中提出具有创新性、可行性的建议			
	劳动精神	A. 在学习过程中反复练习，熟练掌握业务 B. 在实操过程中基本掌握业务 C. 了解一般业务流程，业务生疏			
	卫生5S评价	在完成实训后能及时清理实训室，工具摆放整齐，严格遵守安全操作规程，若违反安全操作规程则扣3～10分			

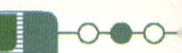

续表

学生姓名				组 别		
实训场地				实训时间		
实训设备				综合成绩		
评价内容	考核项	评分标准		自评得分	组间互评	教师评分
专业能力	任务一	A. 学习活动评价成绩为 90～100 分 B. 学习活动评价成绩为 75～89 分 C. 学习活动评价成绩为 60～74 分 D. 学习活动评价成绩为 0～59 分				
	任务二	A. 学习活动评价成绩为 90～100 分 B. 学习活动评价成绩为 75～89 分 C. 学习活动评价成绩为 60～74 分 D. 学习活动评价成绩为 0～59 分				
	任务三	A. 学习活动评价成绩为 90～100 分 B. 学习活动评价成绩为 75～89 分 C. 学习活动评价成绩为 60～74 分 D. 学习活动评价成绩为 0～59 分				
项目测试	项目完成情况	A. 按时、完整地完成实训操作与项目测试，问题回答正确 B. 按时、完整地完成实训操作与项目测试，问题回答基本正确 C. 未能按时完成实训操作与项目测试，或者完成不完整、错误较多 D. 未完成实训操作与项目测试				

项目四 电子商务客户服务沟通技巧

项目导入

随着竞争的日趋激烈,企业对客户越来越依赖,把客户视为企业生产和发展的重要资源,而为客户尽可能地提供周到而满意的服务逐渐成为企业竞争的焦点。在这种形势下,企业提高自身的服务质量、增强企业的服务品牌已刻不容缓。许多企业也为此投入了大量成本。

电子商务的发展使网上购物成为一种趋势,而在网络中的交流比在现实生活中面对面的沟通更难控制,很容易产生矛盾。为了满足客户需求,留住客户,企业需要不断提高服务质量,完善服务项目。那么,如何与客户进行有效沟通?如何赢得客户?如何让客户钟情于你和你的企业的产品呢?

一名优秀的客服人员,首先,要具备良好的职业素养,掌握客户服务的基本礼仪,认真、负责、热情地去接待每一位客户;其次,要对自己店铺内的产品有足够的了解和认识;再次,要掌握良好的沟通技巧,学会倾听、善于提问,在沟通的同时要灵活使用网络表情来拉近与客户之间的距离。只有这样才能更好地服务于客户,留住客户。

项目四　电子商务客户服务沟通技巧

项目描述

了解电子商务客户服务的规范用语

掌握电子商务客户服务的沟通技巧

掌握网络客户服务沟通技巧

掌握电话客户服务沟通技巧

学会电子商务客户服务表情的使用

项目实施

- **电子商务客户服务沟通技巧**
  - 任务一　电子商务客户服务基本礼仪
    - 客服人员应具备的基本素养
    - 学习客户服务礼仪的重要性
    - 电子商务客户服务礼仪规范
  - 任务二　网络客户服务沟通技巧
    - 客服人员常用规范用语
    - 客服人员服务禁忌
    - 客服人员应掌握的沟通技巧
    - 表情包的使用
  - 任务三　电话客户服务沟通技巧
    - 电话客户服务礼仪
    - 电话客户服务技巧
    - 电话客服人员应掌握的沟通技巧

任务一　电子商务客户服务基本礼仪

任务情境

王小明在进入家乡的电子商务服务站后,通过了一系列的培训,已经掌握了客户服务各阶段的工作流程与原则,能够对客户的购买需求进行初步分析。同时,王小明也清楚地认识到要成为一名优秀的客服人员仅掌握这些是远远不够的。客服人员还应具备良好的基本素养,懂得相关的客户服务礼仪,爱岗敬业,这样才能给客户留下深刻的印象,更好地服务客户。

任务目标

➡ 知识目标

了解电商客服人员应具备的基本素养
了解电子商务客户服务的重要性
掌握电子商务客户服务礼仪

➡ 技能目标

掌握电商客服人员应具备的基本素养及服务礼仪

➡ 素养目标

树立良好的价值观,遵守职业道德
培养爱岗敬业的精神

任务实施

一、客服人员应具备的基本素养

一名优秀的客服人员应具备严谨的工作作风、热情的服务态度、熟练的业务知识、积极的学习态度，能够耐心地向客户解释、虚心地听取客户的意见等。要想提高服务质量，提供优质服务，客服人员应具备以下几个方面的基本素养。

（一）心理素质要求

1. 要有承受挫折与打击的能力

客服人员每天都要面对不同客户的误解，甚至辱骂。有些客户越过客服人员直接向其上级主管投诉，夸大其词——本来这个客服人员做得没有那么差，但到了客户口中就变得很差劲。这样，客服人员就会被主管约谈。因此，客服人员需要有承受挫折与打击的能力。

2. 要有积极进取、永不言败的良好心态

客服人员在自己的工作岗位上需要不断地调整自己的心态，无论遇到什么困难和挫折都不能轻言放弃。这和团队的氛围有很大的关系。如果整个客服团队是一个积极向上的团队，那么员工在这种良好的团队氛围中，很多的不愉快就能得到化解。如果团队氛围不好，就要靠自己去慢慢化解和调整。

3. 要有处变不惊的应变能力

客服人员每天都会面对不同的客户，很多时候，客户会带来一些挑战。例如，当遇到一些蛮不讲理的客户时，客服人员需要具备一定的应变能力，特别是在处理一些客户恶性投诉的时候，要处变不惊。

4. 要有满负荷情感付出的支持能力

客服人员需要对每个客户都提供最好、最周到的服务，不应有所保留。因此，客服人员对待第一个客户和对待最后一个客户需要付出同样饱满的热情。对每个客户而言，客服人员是他们第一次接触店铺的媒介，他们迫切希望能得到客服人员的用心对待。

（二）品格素质要求

1. 学会忍耐与宽容

忍耐与宽容是一种美德，也是面对无理客户的法宝。由于客户的性格不同，人生观、世界观、价值观也不同，因此客服人员要有很强的包容心。客服人员要包容客户的一些无理要求，因为很多客户有时候就是这样的，斤斤计较、蛮不讲理、胡搅蛮缠。

2. 强烈的集体荣誉感

人们常说某个球队特别团结，特别有凝聚力。这是指什么？这主要是指每个球员在赛场上所做的一切都不是为自己进球，而是为了全队获胜。客服人员也一样，所做的一切都不是为了表现自己，而是为了能把客户服务工作做好。这就是集体荣誉感，这就是团队精神。

3. 勇于承担责任

客服人员需要经常承担各种各样的责任。客服岗位是一个企业的窗口，客服人员应该去化解因企业给客户带来损失而造成的矛盾。因此，在出现问题的时候，客服人员不应推脱，而应勇于承担责任。

4. 不轻易承诺，但只要说了就要做到

通常，企业对客服人员都有明确的要求：不轻易承诺客户，说到就要做到。随便答应客户的要求会使自己的工作很被动，但是客服人员必须兑现自己的诺言，一旦答应了客户，就要尽量做到。

5. 谦虚是做好客服工作的要素之一

拥有一颗谦虚之心是人的美德。有的客服人员不谦虚，在客户面前炫耀自己的专业知识，揭客户的短，这是在客服工作中很忌讳的一点。客服人员要有丰富的专业知识和较高的服务技巧，但不能去卖弄。

6. 拥有博爱之心，真诚对待每位客户

这里的"博爱之心"是指要达到"人人为我，我为人人"的思想境界（能做到这一点的人不是很多）。如今，有些企业从招聘开始，专门聘用有博爱

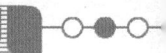

之心的人。

（三）技能素质要求

1. 良好的语言表达能力

良好的语言表达能力是实现与客户有效沟通的必要技能和技巧。

2. 熟练的专业技能

熟练的专业技能是客服人员应必备的。每个企业的客服人员都需要学习多方面的专业技能。

3. 良好的沟通能力

客服人员只有具备良好的沟通能力，才能跟客户进行更顺畅的沟通。

4. 丰富的行业知识及经验

丰富的行业知识及经验是解决客户问题的必备工具。不管做哪个行业都需要具备专业知识和经验。一个合格的客服人员不仅能跟客户进行简单的沟通，而且要成为掌握产品知识的专家，能够解决客户提出的相关问题。因此，客服人员要有丰富的行业知识及经验。

5. 良好的倾听能力

良好的倾听能力是客服人员与客户进行有效沟通的必要保障。

6. 专业的电话接听技巧

这是客服人员需要具备的一项重要技能。在任何企业，客服人员都必须掌握接听客服电话和给予解答等方面的知识。

7. 思维敏捷，具备对客户心理活动的洞察力

对客户心理活动的洞察是做好客服工作的关键所在。所以，客服人员需要具备这方面的技巧。思维敏捷，能够洞察客户的心理活动，这是对客服人员技能素质的基本要求。

二、学习客户服务礼仪的重要性

（一）提升客服人员的整体素质

礼仪可以指导人们不断地完善自我，并潜移默化地熏陶人们的心灵。它能帮助个人树立良好的形象，提升个人的素养，使人们的谈吐越来越文明，举止仪态越来越优雅。客服人员整体素质的提升能够体现出时代的特色和企业的精神风貌。

（二）有利于调节人际关系

客户服务礼仪是服务关系和谐发展的润滑剂，注重客户服务礼仪有利于促使各方保持冷静，缓和或避免不必要的矛盾冲突和情感对立，有助于建立和谐的关系。

（三）塑造良好的企业形象

在现代企业管理中，企业要求每位员工都要有强烈的形象意识，而具备客户服务礼仪是企业良好形象的基本要求。在一定意义上，规范化的客户服务礼仪能够最大限度地满足客户在接受服务过程中的精神需求。

（四）提高企业产品竞争的附加值

对于服务性行业而言，高素质的员工提供的高质量的服务有助于企业创造更好的经济效益和社会效益，同时有利于提升企业的文化内涵和品牌效应。

三、电子商务客户服务礼仪规范

在应用互联网或电话等从事商业活动的过程中，客服人员应该遵循电子商务客户服务礼仪规范。客服人员只有掌握良好的礼仪规范，才能让客户切身感受到优质的服务。电子商务客户服务礼仪规范表现为以下几个方面。

（一）对待客户要礼貌

对于客服人员来讲，最基本的要求就是待客要礼貌。客服人员应始终保持诚恳、热情的服务态度，对于咨询的客户要做到有问必答，耐心地回答客户的问题；在沟通的过程中切忌出现对客户不理睬，或者表现出不耐烦，甚至辱骂客户等不礼貌的行为。

（二）对待问答要真诚

客服人员在与客户沟通时要真诚。当客户问到产品的详细信息时，客服人员要如实地回答，切忌弄虚作假，欺瞒客户；对于客户的异议，要耐心地为其详细、清晰地做出解释，尽可能给予客户满意的答复；切忌说话云里雾里，或者编造理由来忽悠客户。

（三）对待工作要认真

客服人员对待工作要认真负责。在工作时间内，切忌与客户闲聊；遇到比较难缠的客户，要保持理智，不与客户争吵，尝试尽个人最大的努力来留住客户；对于客户的需要，要尽快为其解决，切忌推脱。

任务拓展

利用互联网了解电商企业对客服人员的素质要求及相关技能要求。结合自身情况，查缺补漏，培养良好的职业素养和精益求精的职业品质。

任务二　网络客户服务沟通技巧

任务情境

王小明在进入电子商务服务站从事客服工作以来，一直以严谨的工作态度对待工作，严格要求自己，用心服务于每位客户，但是常常心有余而力不足。于是，他便开始思考：如何才能让自己变得更加优秀？网络客户服务的沟通技巧有哪些？如何正确使用表情进行沟通？对于这些问题，我们一起来了解一下吧！

任务目标

➡ 知识目标
了解客服人员常用的规范用语
掌握网络客户服务的沟通技巧
学会网络客户服务的表情包使用

➡ 技能目标
掌握网络客户服务沟通技巧，并学以致用

➡ 素养目标
培养爱岗敬业的精神
激发探索新知、求新求变的信心
保持对客户热情服务、周到服务的态度

任务实施

一、客服人员常用规范用语

电子商务客户服务是企业通过互联网直接面向广大客户群，为客户提供各项咨询和服务，处理客户的各项要求，维护企业与客户的良好关系，增强客户对企业的美誉度和忠诚度的服务性岗位。因此，为提高客服人员的服务质量，企业有必要制定一定的服务标准。

（一）常规沟通用语

1. 开场白

客服人员应礼貌回应："亲，请问有什么可以帮您？"

2. 当提供的信息较长，需要客户记录相关内容时

客服人员："麻烦您记录一下，谢谢！"

3. 当客户询问客服人员个人信息超出标准时

客服人员:"对不起,我的工号是××××。"若客户坚持询问,客服人员可以告诉客户公司规定只能通报工号。

4. 当客户提出建议时

客服人员:"谢谢您提出的宝贵建议,我将及时反馈给相关人员,再次感谢您对我们工作的关心和支持。"

5. 当请求客户谅解时

客服人员:"对不起,请您原谅。"

6. 当客户向客服人员致歉时

客服人员:"没关系,您不必放在心上。"

7. 当客户提出的要求无法满足时

客服人员应表示歉意,如"很抱歉,我无法帮助您"或"很抱歉,这超出我们的服务范围,恐怕我不能帮助您"。

8. 当客户向客服人员表示感谢时

客服人员必须回应"请不必客气"或"不客气"。若客户进一步感谢,客服人员可回复"请不必客气,这是我们应该做的",或者"这是我们的工作职责,感谢您对我们工作的支持,欢迎您随时来电"。

9. 当无法当场答复客户咨询时

客服人员:"对不起,您方便留下您的联系方式吗?我们核实后在三个工作日内尽快与您联系。"

10. 结束语

客服人员:"非常感谢您对我们工作的支持。我们会继续努力,争取为您提供更优质的服务。祝您生活愉快!"

（二）遇到抱怨与投诉时的规范用语

1. 当对客户投诉应答慢时

客服人员："对不起，感谢您的耐心等待！请问有什么可以帮您？"

2. 当客户情绪激动时

客服人员："对不起！请问有什么可以帮您？我一定会尽力帮您解决问题。"

3. 当客户责怪客服人员动作慢，不熟练时

客服人员："对不起，感谢您的耐心等待，我将尽快帮您处理。"

4. 当客户投诉客服人员态度不好时

客服人员："对不起，由于我们服务不周给您添麻烦了，请您原谅！您能重述一下您的问题吗？"

5. 当客户投诉客服人员有工作差错时

客服人员："对不起，给您添麻烦了！我会将您反映的问题如实上报主管，并尽快核实处理。请您原谅！"

6. 当客户批评客服人员时

客服人员："亲，非常抱歉，给您带来了不便！您的问题我会尽快向相关部门反馈，有结果会马上通知您，再次向您表示歉意！"

7. 当客户要求公司领导亲自为其解决问题时

客服人员："您的问题是属于我的职责范围内的，请您放心，我会按公司的规定，尽我的能力为您解决。请您放心交给我为您处理，好吗？"

8. 当需升级投诉处理时

客服人员："您的问题我已记录好，会提交给相关人员处理，并在三个工作日内回复您。"

二、客服人员服务禁忌

1. 忌争辩

客服人员在与客户沟通时要时刻记得自己的职业和身份,要知道与客户争辩不但解决不了任何问题,而且会引起客户的反感。

2. 忌质问

客服人员在与客户沟通时要理解并尊重客户的思想与观点,切不可以质问的口气与客户谈话,因为这是客服人员不懂礼貌的表现,是不尊重人的反映,是最伤害客户的感情和自尊心的方式。

3. 忌命令

客服人员在与客户交谈时要展露微笑,态度要和蔼一点,说话要轻声一点,语气要柔和一点,要用征询、协商或请教的口气,切不可采取命令和批示的口吻。

4. 忌炫耀

客服人员在与客户沟通谈到自己时,要实事求是地介绍自己,稍加赞美即可,万不可忘乎所以,得意忘形地自吹自擂,亦不可炫耀自己的出身、学识、财富、地位、业绩和收入等。

5. 忌直白

俗语道:"打人不打脸,骂人不揭短。"客服人员在与客户沟通时,即使发现客户在认知上有不妥的地方,也不要直截了当地指出,因为很多人最忌讳在众人面前丢脸、难堪。

6. 忌批评

客服人员在与客户沟通时,即使发现客户身上有缺点,也不要对其当面批评和教育,更不要大声地指责,因为批评与指责解决不了任何问题,只会招致对方的反感与怨恨。

7. 忌独白

在与客户沟通时，客服人员要鼓励客户表达，并通过客户发送的文字了解客户的基本情况。切忌一个人唱独角戏。

8. 忌冷淡

在与客户沟通时，客服人员态度一定要热情，语言一定要真诚，言谈举止一定要流露出真情实感。

9. 忌文字游戏和错别字

客服人员不能为了成交而跟客户做文字游戏，是怎样的就是怎样的，在网络上也要诚信交易。除此之外，还忌错别字。

10. 忌等待时间太久

如果让客户等了五分钟以上，就基本没有成单的可能了。经常不在电脑前就没办法及时回复客户的问题，等客服人员看到后再回复客户的问题就已经晚了，毕竟竞争很激烈。

三、客服人员应掌握的沟通技巧

（一）态度方面

树立端正、积极的态度对客服人员来说是非常重要的。尤其在回复客户疑问时，不管是客户的问题还是公司的问题，客服人员都应该及时解决，不能回避、推脱。这样才能让客户感受到公司解决问题的诚意和决心。

（二）礼貌方面

俗话说"良言一句三冬暖，恶语伤人六月寒"。一句"欢迎光临"，一句"谢谢惠顾"，虽仅仅几个字，却能够让客户非常舒服，甚至对成交的达成起到意想不到的作用。

四、表情包的使用

近年来，表情包在互联网上迅速发展。表情包以其直观性、低门槛、娱

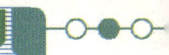

乐性、语境性和多义性在网络社会中被广泛使用，而其强大的可塑性和包容性带来了很多商机。

（一）表情包概述

表情包是指用于表达表情和情绪的图片，由真实的人像、动漫人物、自然景色等构成，有时候还会辅以文字（特别是网络用语）。表情包以网络文化为主要内容，已成为现代人的一种新型的表达方式。

（二）表情包的传播特征

1. 直观性

正所谓"一图顶千言"，在传递信息方面，图片能包含更大的信息量；在表达情感和态度方面，图片避免了纯文字表达的单调感，形象且生动地给人们带来了丰富的视觉体验，从而使表达更加具有冲击力。

2. 低门槛

表情包的获取途径很多，各大社交平台都在开拓专属于自己的表情商店，用户可直接进入表情商店进行免费或付费下载。表情包的保存和发送操作简单，分享成本低，传播方便、快捷。

3. 娱乐性

表情包比文字更具娱乐性，能快速缓解尴尬；表情包能更好地反映出互联网社会中人们真实、饱满、个性化的交流诉求与期待。表情包的共同特点在于有梗有料、诙谐幽默。

4. 语境性和多义性

表情包中的表情作为一种符号，在制作时会使用比喻、讽刺、双关等多种手法。制作者只要发出表情后就失去了对表情的控制权。接收者会根据自己的生活背景和文化程度对表情进行解读。对于不同的使用者，在不同的语境下，其所表达的含义也不尽相同。

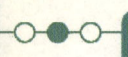

（三）表情包的传播功能

1. 表情包成为塑造个人形象的重要手段

笔者用了十天的时间进行问卷调查，共收集有效问卷550份，此次问卷结果真实有效。问卷结果表明，41.7%的人选择使用表情包是为了进行自我形象塑造，而其中21.6%的人会选择表情包作为自己的社交头像。这表明表情包不仅是人们进行日常交流的表达工具，而且是塑造个人形象、维持社交关系的重要手段。

2. 表情包成为解构主流话语的工具

网络表情包的使用人群以青年群体为主，他们是网络流行文化的主要生产者和传播者。网民自发制作的表情包带有很强的草根性和创造性，网民往往根据自身需要，将多种不同的文化融入表情包中。表情包汇聚了网络民众的智慧，成为个性的代名词，以娱乐的态度对抗严肃的主流话语，显现了不同阶层、不同群体的独特所在。

3. 表情包成为表达意见的渠道

在网民的不断创造下，表情包的内容越来越丰富。通过表情包，评论和意见的表达更加直观。例如，一些无法用语言来表达的情感、态度和观点，如果通过一个附有文本的照片，则能使受众更加容易理解。表情包生动的形象、多样的形式、直观的特性满足了公众多元文化的审美取向。

任务拓展

利用互联网学习平台查询了解电子商务网络客户服务沟通技巧的重要性及具有代表性的案例；通过学习进一步树立自己的职业观、人生观、价值观。

项目四 电子商务客户服务沟通技巧

任务三　电话客户服务沟通技巧

任务情境

王小明通过学习了解了客服人员必备的专业知识与技能,在工作上有了很大的起色。由于工作需要,王小明免不了要与客户进行电话沟通,那么,面对客户的投诉,该如何去处理？这就需要王小明具备高超的电话沟通能力,不仅要了解电话客户服务礼仪和掌握电话客户服务技巧,而且要强化责任意识与敬业精神。我们一起来了解电话客户服务的沟通技巧吧！

任务目标

➡ 知识目标

了解电话客户服务礼仪
掌握电话客户服务技巧
掌握电话客户服务沟通技巧

➡ 技能目标

掌握电话客服人员必须遵守的服务礼仪
能够灵活运用电话客户服务技巧
掌握电话客服人员必须学会的沟通技巧

➡ 素养目标

激发学生对该课程的学习兴趣
培养良好的学习能力
培养积极进取、乐观面对困难的精神

任务实施

一、电话客户服务礼仪

（一）电话客服人员的素质标准

1. 积极的心态

客服人员应保持积极的心态，这样会使客服人员的声音听起来积极且有活力，从而有利于销售工作的展开。

2. 热情

客服人员应时刻保持高度的热情，从而感染客户。

3. 自信

为了保持自信，客服人员在语气上、措辞上要用表示肯定的语句，而不应该用否定的或模糊的语句。

4. 节奏要合适

这个节奏一方面指客服人员讲话的语速，另一方面指对客户所讲问题的反应速度。在与客户讲话时，客服人员要使用标准语速，既不能太快，也不能太慢。

5. 语气要不卑不亢

既不要让客户觉得客服人员没有自信，也不要让客户觉得客服人员盛气凌人。

6. 合适的语调

语调不能太高，如果是男性客服人员，低沉、雄厚、有力的声音会更具有吸引力，同时，讲话时语调要抑扬顿挫（太过平淡的声音会使人注意力分散，产生厌倦感），在重要的词句上用重音。

7. 音量适中

音量不能太大，否则会让客户产生防备心理。音量也不能太小，否则会令人觉得客服人员缺乏信心，从而使客户不重视客服人员。

8. 简洁

尽量不要谈及太多与业务无关的内容，虽然为了与客户建立关系，适当地谈些与个人有关的内容是有必要的，但要适可而止，既不要耽误自己的时间，也不要占用客户太多时间。

9. 停顿

停顿可以吸引客户的注意力，让客户有机会思考，也可以让客户主动参与电话沟通。

10. 微笑

微笑确实可以改变我们的声音，同时可以感染在电话线另一端的客户。微笑不仅可以使人充满自信，而且可以将欢乐带给客户。

（二）电话客户服务礼仪的标准

（1）接听呼入电话应在铃响三声内接起，注意使用礼貌用语并自报家门。例如，早上／中午／晚上好，××客服中心，我是××，请问有什么可以为您服务的。

（2）客服人员在打电话给他人时不要先问对方的姓名，而要适时询问客户如何称呼，如"先生（小姐），请问您贵姓"。

（3）客服人员礼貌称呼客户并正确应答客户的相关问题，如"×× 小姐／先生，您好！关于……"。若未正确领会客户的意图，则需主动与其确认，如"×× 小姐／先生，您好！您是说（您的意思是）……"。

（4）当需要客户等待时，客服人员应告诉客户"为什么"，要取得客户同意，并给客户一个等待时限。

（5）在客户等待的过程中，客服人员应与客户适当地谈论相关的话题，使客户能感受到自己被时刻记着。

（6）在转接客户的电话时，客服人员应向客户解释为什么电话需要转接，并取得客户的同意；在客服人员接听被转接电话后应感谢客户的等待，如"××小姐/先生，不好意思，让您久等了，就您所提到的……"；在接听被转接电话后需告知自己的职位、姓名；在转接电话挂断之前需确定被转接电话处有人接听。

（7）在确认客户信息时，客服人员应主动请求客户留下详细信息（名字、电话、住址），并确认信息，检查所留信息是否正确。

（8）在记录客户信息时，客服人员应正确拼写客户的姓名、记下客户的电话号码，并确认准确无误。

（9）在挂断电话之前，客服人员应主动询问客户是否还有其他问题，并感谢客户来电、欢迎客户随时致电。

二、电话客户服务技巧

（一）选择积极的用词与方式

客服人员在与客户沟通的过程中要尽量使用正面的语言，给客户一种良好的感知。

（1）习惯用语：我们没有您需要的这款产品。

专业表达：由于需求量大，您需要的这款产品暂时没货了。

（2）习惯用语：您怎么老是对我们公司的产品有意见？

专业表达：您的这些问题很相似。

（3）习惯用语：对不起，我不能给您他的手机号码！

专业表达：您是否能向他本人询问他的手机号码呢？

（4）习惯用语：我不想给您错误的建议。

专业表达：我想给您正确的建议。

（5）习惯用语：您没有必要担心这些问题。

专业表达：您的这些问题我们都会很好地解决，请您放心。

（二）善用"我"代替"你"

有些专家建议，在服务用语中应尽量用"我"代替"你"。因为后者常会使人感到有根手指指向自己。

（1）习惯用语：您的名字叫什么？

专业表达：请问，我可以知道您的名字吗？

（2）习惯用语：你必须……做。

专业表达：我希望您那样来操作，那样比较合适。

（3）习惯用语：如果你需要我的帮助，你必须……

专业表达：我十分愿意为您提供帮助，但首先我需要……

（4）习惯用语：你做得不正确。

专业表达：我得到了不同的结果，让我们一起来看看到底问题出在什么地方，我们一同来解决这个问题。

（5）习惯用语：听着，不是这样的。

专业表达：您的疑虑是正常的，专业人员和我们都严格按科学的方法检查过了，所以您完全可以消除这些疑虑。

（6）习惯用语：你没有弄明白，这次听好了。

专业表达：不好意思，也许是我说得不够清楚，请您允许我再解释一遍。

（三）在客户面前维护公司形象

员工要时刻为公司的形象着想，维护公司的形象。每个员工都应对自己的职位和公司有荣誉感，因为只有有荣誉感才会有工作激情。忠诚的员工会时刻维护公司的利益，积极进取，为公司树立良好的形象，永远不会在别人面前说任何有损公司形象的话。

三、电话客服人员应掌握的沟通技巧

（一）进行有效沟通

1. 有效沟通的定义

为了一个明确的目标，客服人员把信息、思想和情感与客户进行互相传递，并且达成合意的过程，即有效沟通。

2. 有效沟通的六个步骤

（1）事前准备。在发送信息之前一定要想好发送的方式、发送的内容和发送地点。尤其是呼出业务，为了提高沟通的效率，客服人员要明确沟通的目标，制订合理的计划，提前预测可能出现的异议和争执，同时对情况进行态势分析。

（2）确认需求。确认需求要做到积极倾听，有效提问，及时确认并完全理解客户想要表达的意思，做到有效沟通。

（3）阐述观点。客服人员要把自己的观点传达给对方，并且使对方能够全部真正地理解。因此，锻炼自己的表达能力，掌握阐述自己观点的技巧是非常必要的。

（4）处理异议。在沟通过程中，客服人员要塑造一个让客户可以畅所欲言的环境，展现支持、理解、肯定的态度，尊重客户的情绪及意见，让客户觉得与客服人员交谈是一件轻松、愉快且获益良多的事，这样有利于排除异议，达成共识。

（5）达成协议。是否完成了沟通，取决于最后是否达成了协议。

（6）共同实施。达成协议只是沟通的一个结果，但是任何沟通结果都意味着一项工作的开始，而不是结束。只有按照协议去实施，并取得客户预期的效果，才是真正有效的沟通。

（二）掌握倾听的技巧

倾听是有效沟通的重要基础。电话客服人员需要以帮助客户的积极态度真正"听懂"客户，了解客户所表达的问题与期望。倾听的技巧可以归纳为以下几点。

1. 要体察客户的感觉

一个人感觉到的往往比他的思想更能引导他的行为。体察客户的感觉，意思就是将客户的语言中所隐含的情感复述出来。有时，客服人员表示接受并理解客户的感觉会产生相当好的效果。

2. 要注意反馈

客服人员在与客户沟通时，要倾听客户语言中的意思并注意信息反馈，及时查证自己是否了解对方。客服人员不妨这样说："不知我是否理解了您的话，您的意思是……"一旦确定了客户的意思，就要提供积极且实际的帮助和建议。

3. 要抓住重点

客服人员在与客户沟通时要善于分析哪些内容是主要的、哪些是次要的，以便抓住事实背后的主要意思，避免造成误解。

同时，客服人员要给予客户关怀，鼓励或帮助客户寻求解决问题的途径，只有这样才能做到有效倾听。

（三）掌握提问的技巧

爱因斯坦曾经说过，提出一个问题往往比解决一个问题更重要。实际上，有效提问是有技巧的。

首先，在提问之前，客服人员应该自己先认真思考，不要问未经思考的问题。

其次，如果经过认真思考，仍然无法解决，那么可以充分利用搜索引擎，利用网络资源查找答案。

最后，如果无法搜索到解决问题的办法，那么客服人员可以把问题描述清楚，提供更多相关的背景信息，找到合适的人进行提问。

（四）掌握同理心的技巧

同理心是指站在对方的立场上设身处地地体会对方的情绪和想法，理解对方的立场和感受，并站在对方的角度思考和处理问题。为了便于表述，我们把同理心分成四个等级，低等级用 L（low）表示，高等级用 H（high）表示，最低等级用两个 L 表示，最高等级用两个 H 表示。

LL——错误的方式，最差的反馈方式，如表达方予以取笑、嘲讽、打击、强行制止表达、挑剔、忽视等。

L——没错，但也不是完全正确的方式，如仅仅按照对方的表面意思办事，而不能理解并反馈其实际意图。

H——正确的方式，能准确地反馈出表达方重要而明显的感受，通畅的沟通和良好的心情会使事情较容易得以处理。

HH——高明的方式，能够敏感地觉察到并艺术地反馈出超越对方明显感受的隐含感受，会使表达方认为双方心灵相通，高度默契，有知音、知己的感觉。

沟通不仅要准确地传达信息，还要传递情感，达成心理方面的交流。此外，只把话讲明白、说清楚是不够的，因为在沟通的过程中还存在心理因素、态度因素和感觉因素，所以不能只注重信息类因素，而忽视了其他因素。

任务拓展

两个学生一组，一人扮演客户，一人扮演客服人员，自拟沟通场景练习电话沟通技巧的运用，从而提升自己的综合素养。

项目测试

一、简答题

1. 请回答什么是电话客户服务礼仪。
2. 电话客户服务技巧的意义有哪些？
3. 什么是电话客户服务沟通技巧？

二、实训题

王小明在家乡的电子商务服务站工作有一段时间了，在工作中有收获，但也曾遇到困难。有一次，他接待了一位因"不喜欢"而要求退货的客户。王小明按照日常服务流程，将退货的步骤和注意事项告知了客户，但是客户表示在网页中找不到退货的地方。于是，王小明将退货的页面截图发给客户，并在截图中标出了退货的位置，可客户仍然说看不懂王小明的退货说明。在反复几次之后，王小明失去耐心，对客户说自己已经明明白白地向其说明了退货流程，可以退货退款，但如果不退货就不退款。该客户投诉了王小明，原因是王小明缺乏耐心且态度恶劣。

问题一：王小明对客户的回复是否合适？

问题二：王小明如何回复客户可避免被投诉，并能与客户达成一致意见？

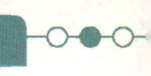

电子商务客户服务沟通技巧综合评价表

学生姓名				班 级		组 别	
实训场地						实训时间	
实训设备						综合成绩	
评价内容		考 核 项	评分标准			自评得分	组间互评	教师评分
职业素养		服务意识	A. 服务用语规范，态度良好，正确执行业务流程，服务技能优秀 B. 服务用语规范，态度良好，正确执行业务流程，服务技能一般 C. 服务用语不严谨，服务态度良好，业务流程规范，服务技能一般 D. 服务用语不严谨，服务态度欠佳，业务流程不合理，服务技能较差					
		安全意识、责任意识	A. 作风严谨，自觉遵章守纪，能出色地完成工作任务 B. 能够遵守规章制度，并较好地完成工作任务 C. 遵守规章制度，但没完成工作任务，或者虽完成工作任务，但未严格遵守规章制度 D. 不遵守规章制度，没完成工作任务					
		学习态度	A. 积极参与教学活动，全勤 B. 缺勤达本项目总学时的10% C. 缺勤达本项目总学时的20% D. 缺勤达本项目总学时的30%					
		团队合作意识	A. 与同学协作融洽，团队合作意识强 B. 与同学能沟通，协同工作能力较强 C. 与同学能沟通，协同工作能力一般 D. 与同学沟通困难，协同工作能力较差					
		创新能力	在学习过程中提出具有创新性、可行性的建议					

续表

学生姓名		班　级		组　别		
实训场地				实训时间		
实训设备				综合成绩		
评价内容	考　项	评分标准		自评得分	组间互评	教师评分
职业素养	卫生5S评价	在完成实训后能及时清理实训室，工具摆放整齐，严格遵守安全操作规程，若违反安全操作规程则扣3~10分				
专业能力	任务一	A. 学习活动评价成绩为90~100分 B. 学习活动评价成绩为75~89分 C. 学习活动评价成绩为60~74分 D. 学习活动评价成绩为0~59分				
	任务二	A. 学习活动评价成绩为90~100分 B. 学习活动评价成绩为75~89分 C. 学习活动评价成绩为60~74分 D. 学习活动评价成绩为0~59分				
	任务三	A. 学习活动评价成绩为90~100分 B. 学习活动评价成绩为75~89分 C. 学习活动评价成绩为60~74分 D. 学习活动评价成绩为0~59分				
项目测试	项目完成情况	A. 按时、完整地完成实训操作与项目测试，问题回答正确 B. 按时，完整地完成实训操作与项目测试，问题回答基本正确 C. 未能按时完成实训操作与项目测试，或者完成不完整，错误较多 D. 未完成实训操作与项目测试				

项目五 电子商务客户投诉处理

项目导入

电商客户服务经济渐渐成为当前的热门话题。电商已从过去的从属产业形式成为经济发展的排头兵,客户服务经济也日益突出。

在客户服务的过程中,电商企业总是无法避免地遇到一些客户抱怨和投诉的事件,即使最优秀的电商企业也不可能保证永远不出现失误或不引起客户投诉。很多电商企业的管理者对客户投诉有一种天生的恐惧感,总是担心投诉会为企业和自己带来负面的影响。其实,一个客服人员或客服工作的管理者必须对客户投诉有一个清醒的认识,这样才能更加有效地做好客户服务工作。

面对客户投诉,电商企业通常有两种表现。一种是非常重视,从客服部门到质量管理部门,再追溯到生产部门,一环扣一环,把问题最终落实到责任人,让责任人进行反省,这是理性对理性的对接,所以会很快改善;另一种是以各种理由进行搪塞和辩解,这种感性对感性的投诉,是电商企业经营中最难解决的问题,也是中国电商企业从粗放型管理向精细化服务管理转型过程中的最大瓶颈。

通俗讲,对不同投诉情况的处理方式虽然不同,但如果是店铺的问题,就一定要及时道歉,毕竟是因为自己的失误给客户带来了不便,这样处理一般都能取得客户的谅解。俗话说,人非圣贤,孰能无过。如果我们的态度够真诚，客户也就挑不出什么毛病来了，而且这种认真负责的态度也可以为店铺带来很多回头客。

项目描述

了解客户投诉的概念

理解客户投诉的原因

掌握处理客户投诉的方式

了解常见的客户投诉心理

学会应对不同客户投诉心理的策略

熟悉客户投诉的处理流程

掌握处理客户投诉的方法与技巧

项目实施

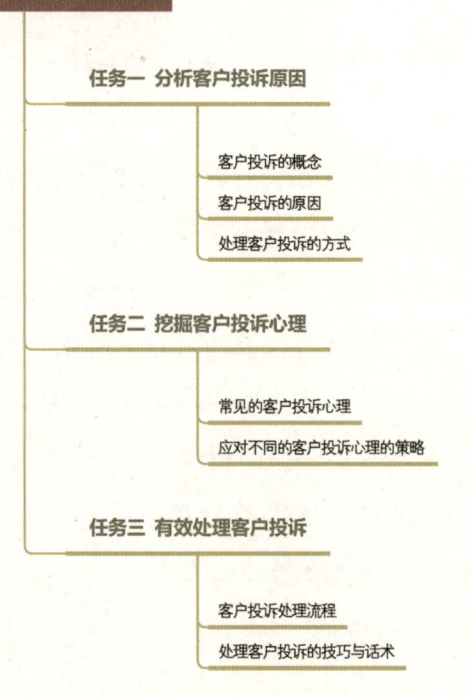

```
电子商务客户投诉处理
├── 任务一 分析客户投诉原因
│   ├── 客户投诉的概念
│   ├── 客户投诉的原因
│   └── 处理客户投诉的方式
├── 任务二 挖掘客户投诉心理
│   ├── 常见的客户投诉心理
│   └── 应对不同的客户投诉心理的策略
└── 任务三 有效处理客户投诉
    ├── 客户投诉处理流程
    └── 处理客户投诉的技巧与话术
```

任务一　分析客户投诉原因

临近年末，不仅实体店业务多，网店业务也非常多，王小明所在的电子商务服务站生意非常红火。水果的销量大了，但同时客户投诉也多了，网络投诉客服人员王小明与电话投诉客服人员张丽每天忙得焦头烂额。产品质量投诉、服务质量投诉、物流投诉……各类投诉层出不穷，两位客服人员一见投诉头就大，所以对各种投诉处理的结果自然就不能令客户满意。如何才能正确处理客户投诉呢？首先要分析客户投诉的原因。

任务目标

➡ 知识目标

了解客户投诉的概念

理解客户投诉的原因

掌握处理客户投诉的方式

➡ 技能目标

学会利用互联网处理客户投诉

➡ 素养目标

体谅客户的维权行为，增强店铺的细致服务意识

任务实施

一、客户投诉的概念

客户投诉是客户针对产品或服务等所提出的书面或口头上的抱怨、抗议、索赔和要求解决问题的行为。它是客户对企业管理和服务表示不满的一种比

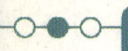

较正式、明确、激烈的表达方式。客户投诉一般会经历"客户不满意—潜在诉求—抱怨—显在诉求—投诉"的过程。

例如,张小姐在双十一期间购买了一条裤子,但是由于快递爆仓,导致张小姐等了三天还未收到货,因此她非常郁闷,并打电话给客服人员进行送货投诉。客服人员回复:"对不起,我给您免运费十元吧。"三天后,张小姐收到了一个包裹,包裹里面有一封信,信里表达了对双十一货物延迟的问题感到非常抱歉,附上十元现金券作为迟到的补偿,希望张小姐能谅解。张小姐除了意外还非常感动,原本为此次购物郁闷的心情豁然开朗,反而觉得该网店的服务非常贴心,并于当天又下了一个订单。

对于电商行业的工作者来讲,处理投诉是一项非常有挑战性的工作,而对每个客服人员来讲,能够正确处理客户投诉具有非常重要的意义。投诉能体现客户的忠诚度,而客户去投诉,很重要的一点是需要问题得到解决,以及得到电商企业的关注和重视。有时客户不投诉,是因为他不相信问题可以得到解决,或者说他觉得他的投入和产出会不成正比。总之,正确地处理客户投诉能为企业赢得客户的高度忠诚。

二、客户投诉的原因

(一)客户投诉的三大原因

1. 主体原因

主体原因就是投诉源于客户自身。例如,由于客户对产品的不理解或理解错误而使用不当,或者客户发现买的并不是自己想要的产品等原因。

2. 客体原因

客体原因主要指客户因对客服人员的服务态度及技巧不满而引发投诉。电商客服工作是一项相对艰苦的工作,工作强度较高,带来的压力较大,有时会因客服人员应对不及时或不当导致客户不满而引发投诉。

3. 媒介原因

媒介原因主要指因客户对产品和服务项目的不满而引发投诉。基于这种原因投诉的客户占所有投诉的大多数，如产品质量问题、物流问题。

网络平台上的客服人员的工作环境、服务媒介等与传统实体店中的导购人员有一定的差异，传统实体店的导购人员服务客户是一种面对面的交流，双方互动的即时性极强；而网络平台上的客服人员是借助各种通信工具为客户提供相关服务的，往往客户体验感较差。

（二）客户投诉的具体原因

（1）商品质量问题。
（2）客户跟单人员工作失误。
（3）业务员及其他工作人员的服务质量问题。
（4）客户对企业经营方式及策略不认同。
（5）客户对企业的要求或许超出企业对自身的要求。
（6）客户对企业服务的衡量尺度与企业自身的衡量尺度不同。
（7）客户的自身素质、修养或个性。

三、处理客户投诉的方式

（一）处理客户投诉应遵循的基本原则

对于企业来说，投诉可谓最常见的"危机"了。一起投诉就像一个小小的烟头，如果处理不当就有可能引发一场森林大火。在处理客户投诉时，如果能够态度好一点、微笑甜一点、耐心多一点、动作快一点、补偿多一点，生意就会好一点，客户就会多一点，利润就会高一点。

1. 先处理情感，后处理事件

美国的一家汽车修理厂的一条服务宗旨很有意思——先修理人，后修理车。什么是"先修理人，后修理车"呢？一个人的车坏了，他的心情会非常不好，你应该先关注这个人的心情，再关注汽车的维修，"先修理人，后修理车"就是这个道理。可是很多企业都忽略了这个道理，往往只修理车，而不顾人的感受。因此，正确处理客户投诉的首要原则就是"先处理情感，后处理事件"。

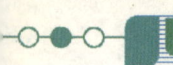

2. 耐心倾听

只有认真倾听客户的抱怨,才能发现实质性的问题。一般的客户投诉多是发泄性的,往往客户情绪不稳定,一旦发生争论,只会火上浇油,适得其反。有效处理客户投诉的原则是必须耐心地倾听客户的抱怨,并避免与其发生争辩。

3. 想方设法地消除客户的怨气

由于客户的投诉大部分属于发泄性的,只要得到商家的同情和理解,待客户消除了怨气,心理平衡后,事情就容易解决了。因此,客服人员在面对客户投诉时,一定要设法弄清楚客户的怨气从何而来,以便对症下药,有效地平息客户的抱怨。客服人员对于客户的抱怨应该及时正确地处理,拖延时间只会使客户感到自己没有受到足够的重视,抱怨会变得越来越强烈。

4. 站在客户的立场上,将心比心

漠视客户的痛苦是处理客户投诉的大忌。在客服工作中,非常忌讳客服人员不能站在客户的立场上去思考问题。客服人员必须站在客户的立场上,将心比心,诚心诚意地去表示理解和同情,要勇于承认过失。因此,对所有的客户投诉的处理,不管是已经被证实的,还是没有被证实的,都不应先分清责任,而应先道歉,这是非常重要的。

5. 迅速采取行动

体谅客户的痛苦而不采取行动是一个空礼盒。例如,"对不起,这是我们的过失",可以换成"我能理解给您带来的不便,您看我们能为您做些什么呢"。处理客户投诉必须付诸行动,不能只是表示同情和理解,而要迅速地给出解决方案。

(二)处理客户投诉的方式

1. 细心听教

有些客户投诉具有攻击性,令客服人员感到难堪,但他们也能告诉客服人员一些客服人员此前不知道的信息,而这些信息可能有助于客服人员改进产品或服务，所以通过细心听教去向客户了解详细信息非常有必要。

2. 认清事实

所有投诉都具有主观性，客户并不会知道客服人员在工作上付出了多少心力。因此，客服人员如果能认清这个事实，就可以心平气和地听取客户的意见了。

3. 先听后说

没等客户说完就迫不及待地辩解，无疑是在火上浇油。所以，客服人员应先让客户说完意见，再进行回应。

4. 主力反击

客服人员不要对客户的意见都做出辩驳，宜集中处理最主要的冲突。

5. 忍气吞声

虽然有时候客户也有不对之处，但客服人员不宜进行反投诉，否则事情会越闹越大。

任务拓展

案例分析

某天，客服人员小李接到了客户的投诉电话。以下是小李和客户之间的对话。请分析小李做错了什么，应该怎么做才能处理好该起投诉。

投诉处理经过如下。

小李：喂！您好！

客户：你好，我是一个用户……

小李：我知道，请讲！

客户：是这样的，我的手机这两天一接电话就断线……

小李：那请问你是不是在地下室，所以信号不好？

客户：不是，我在大街上都断线，好多次了……

小李：那是不是你的手机有问题呀？我们的网络不可能出现这种问题！

客户：我的手机才买了三个月，不可能出问题呀！

小李：那可不一定，有的杂牌机刚买几天就不行了。

客户：我的手机是品牌的，不可能有质量问题……

小李：那你在哪里买的，就去哪里看看吧，肯定是手机的问题！

客户：不可能！如果是手机有问题，那我用别家电信公司的卡怎么就不断线？

小李：是吗？那我就不清楚了。

客户：那我的问题怎么办啊？我的手机天天断线，你给我交费啊！

小李：你这叫什么话啊，凭什么我交费啊！你在哪里买的你就去哪里修理呗！

客户：你这叫什么服务态度！我要投诉你……

小李直接挂断……

任务二 挖掘客户投诉心理

任务情境

客户购买产品和服务，都希望物有所值，达到自己的期望，并且有良好的售后服务——能帮助自己解决问题，自己的权益能得到应有的保证。所以，客服人员在维护公司利益的情况下更要维护好客户和公司的声誉。客服人员的主要工作是介绍和销售产品，但不能为了自己的业绩而对客户的利益视而不见，只有了解客户的投诉心理，诚信为先，才能迎来更多的客户。也就是说，客服人员要在维护好公司利益的情况下耐心地帮助客户解决问题，最终迎来双赢的局面。

任务目标

知识目标

了解常见的客户投诉心理

学会应对不同的客户投诉心理的策略

➡ 技能目标

能够根据应对策略灵活地处理投诉

➡ 素养目标

培养处理客户投诉的能力

提升自我防范意识和服务意识

任务实施

一、常见的客户投诉心理

1. 补救心理

客户觉得自己的权益受损，期望经济上或精神上的补偿。

2. 认同心理

客户认为自己提出的问题是对的，应该得到商家的认同。

3. 表现心理

客户注重自己的形象，认为他的投诉不仅是批评，更是建议和教导，希望能从投诉中得到成就感。

4. 发泄心理

客户认为购买的产品或服务和所期望的差距太大，因不满而投诉，以发泄怨气。

5. 报复心理

客户采用极端手段发泄不满情绪，对商家的杀伤力较大。

二、应对不同的客户投诉心理的策略

想成功处理客户投诉，客服人员在"倾听"客户的同时，还要去"揣摩"

客户的心理，分析客户希望通过投诉获得什么，以及为什么希望得到这样的结果。当了解了客户的心理状态后，客服人员就能从心理上靠近客户，为客户提供合适的处理方案。那么，划分投诉客户的类型？如何有效应对客户的投诉？

（一）出于补救的客户投诉心理

在许多投诉案例中，特别是费用类的投诉案例，客户认为自己的权益受到损害，投诉的目的在于得到补偿。另外，客户出于补救的心理不仅指财产上的补偿，还包括精神上的补偿。

1. 客户特点

这种情况很多是由于误解或不慎导致的，也有一些是有理投诉。如果客户希望得到补偿的心理比较急切，但商家无法提供补偿，那么客户投诉升级的可能性就非常大。

2. 客户类型

维护权益型、理直气壮型。

3. 应对策略

（1）客服人员应确认客户的要求是否合理（是属于偶发性的还是惯性的），是否能酌情为客户处理等。如果是，那么在处理问题的同时应给予客户建议，并提醒其以后多留意，以避免同类情况发生。如果否，则需要向客户解释清楚原因。

（2）客服人员应通过耐心倾听、运用同理心、适当道歉等方式给予客户精神上的安抚。

（二）出于认同的客户投诉心理

客户的自尊心都是非常强的，往往认为自己的投诉很有道理，通过投诉可以让自己所遇到的问题受到关注和重视，并得到认同和尊重。

1. 客户特点

客户对于问题有自己的想法，并坚持己见，同时希望商家能理解和认同。

2. 客户类型

感情丰富型、细腻型、敏感型。

3. 应对策略

（1）客服人员应对客户的感受、情绪表示充分的理解和认同，但注意不要随便答应客户的要求。

（2）客服人员应做到及时回应、及时表示歉意、及时回复等，这些做法通常会被客户看作自己得到尊重的表现。

（3）如果客户有不当之处，也要用聪明的方法让客户有台阶下，这样可以满足客户的自尊心，让问题处理起来更顺利。

（三）出于表现的客户投诉心理

有些客户投诉是出于表现的心理的，既是在投诉和批评，也是在建议和教导。好为人师的客户是很常见的，因为他们乐于通过这种方式获得一种成就感，还经常以代表广大消费者之名来讨个说法。

1. 客户特点

客户具备一定的文化修养，对商家的业务和流程有一定的了解，或者事前做过一些准备，沟通时不愠不火，分寸得当。

2. 客户类型

知识分子型、有备而来型、曝光型和惯性投诉型。

3. 应对策略

（1）客服人员可根据客户提出的争议点，有针对性地去熟悉和掌握自家公司该方面的业务和流程，充分准备应对资料。

（2）客服人员可利用客户的表现心理适当地赞扬客户，引导客户做一个理智的人。

（3）商家可采用考虑性别差异的处理方式，如男性客户由女性客服人员来接待，因为在异性面前人们更倾向于表现自己积极的一面。

（4）客服人员可适时给客户台阶下，这样有助于维护良好的沟通关系，并让客户更乐于接受处理方案。

(四) 出于发泄的客户投诉心理

带着怒气进行投诉的客户有可能只是为了发泄不满，释放和缓解郁闷或不快，以维持心理上的平衡。

1. 客户特点

客户将不满传递给商家，目的在于恢复或平衡自己的心理状态。

2. 客户类型

情绪易波动型、唠叨型。

3. 应对策略

（1）客服人员耐心倾听是帮助客户发泄的最好方式，切忌打断客户。

（2）在帮助客户宣泄情绪的同时，客服人员还要尽可能营造愉悦的氛围，引导客户的情绪，但需要注意客户的个性特征，并把握好尺度。

(五) 出于报复的客户投诉心理

客户在投诉时，一般对于结果有着一个粗略却又理性的预期。当客户的预期与从商家得到的结果相差过大，或者客户在宣泄情绪的过程中受阻或受到新的伤害时，某些客户会演变出报复的心理。

1. 客户特点

自我意识过强，情绪容易波动；不计个人得失，只想让对方难受，从而为自己出一口气。

2. 客户类型

霸道型、喋喋不休型。

3. 应对策略

（1）客服人员的耐心尤为重要，要注意以恰当的语言、和善的态度去安抚客户。

（2）在帮助客户宣泄情绪的同时，客服人员还要通过各种方式及时让双方的沟通恢复理性。

（3）对于极少数极端的客户，客服人员应注意收集和保留相关证据，在适当的时候提醒客户这些证据的存在，或许这些证据对客户而言也是一种极好的冷静剂。

任务拓展

请通过以下两个案例分析投诉客户属于哪种心理状态，并结合操作平台演练客户服务内容。

案例一

客户赵女士来电投诉某客服经理服务不周，对客户问询处理不及时。经调查确认，当时该客服经理有其他事宜正在处理中，在接到客户投诉后已联系致歉，但客户仍不满意。投诉处理人耐心安抚，对客户表示理解并致歉，同时感谢客户对店铺服务的监督，肯定客户提出的改善意见。在客户认可投诉处理人的服务后，投诉处理人又适时地向客户反映了目前店铺业务的烦琐性和客户经理工作的不易，并再次感谢客户给予的理解和关注。客户最终表示谅解。

案例二

客户张先生遭遇电信诈骗，银行卡被盗刷了5000元，于是投诉银行安全措施不足，并提出不承担损失。投诉处理人积极安抚客户情绪，充分运用同理心与客户沟通，对于客户的遭遇表示同情，向客户澄清了银行对客户信息有严格的保密制度，并有相关用卡安全提示客户，此次是不法分子假冒银行名义对客户实施了诈骗，提醒客户对不明电话或短信需保持警惕，不要透露卡片的信息，并建议客户尽快报警；强调银行也是受害方，所以银行会和客户一起面对这个问题，积极地配合警方展开调查；为避免客户征信受到影响，建议客户按时还款，而为了减轻客户的还款压力，提供了灵活的还款方案，并最终得到客户的理解。

任务三　有效处理客户投诉

任务情境

处理客户投诉是需要一定的技巧和方法的，若处理不当可能造成事件的扩大化，给公司造成经济损失或负面影响；若处理得当，不仅可以减少公司的损失，还可以留住客户。那么，王小明应该怎样有效处理客户投诉才能将损失降到最低呢？

任务目标

知识目标

熟悉客户投诉处理流程

掌握处理客户投诉的方法与技巧

技能目标

学会正确处理客户投诉，掌握处理流程

素养目标

培养处理客户投诉的技能和方法

提升正确处理投诉的意识

任务实施

一、客户投诉处理流程

（一）处理客户投诉的基本流程

1. 认真倾听

不管客户以哪种方式（如热线、留言、电子邮件）投诉，也不管投诉什么内容（如质量、价格、服务、物流），客服人员都要虚心接受客户投诉，耐心聆听客户的诉说，待客户叙述完后概述主要内容，征询客户意见，如"您的意思是因为……而觉得很不满，是吗"，并在两三个小时内向客户表示歉意，同时感谢客户的信任。一般购物网站也可以设自动回复系统，使客户很快得到常见问题的答复及投诉的回复，从而增强客户对在线服务的信心。

2. 记录投诉内容

用关切的态度对待客户所发的信息，利用客户投诉记录表（见表5-1）详细记录客户投诉的内容。

表 5-1　客户投诉记录表

投诉客户账号	
投诉客户姓名	
投诉日期	
联系电话	
投诉内容	
情况核实	
处理意见	
处理结果	
客户回访	

3. 判断投诉是否成立

在了解了投诉内容后，客服人员要分析和判断客户投诉是否合理、理由是否充分。在这一阶段，客服人员可以将不合理的投诉以委婉的方式答复，并取得客户的谅解，同时再次感谢客户的信任，消除可能的误会，以使客户满意。

4. 提出初步处理意见

如果投诉是合理的，客服人员则需要对投诉进行必要的分析，确定投诉产生的原因及责任部门和责任人。若需要其他部门同事的协助处理，则应立即向其他部门同事寻求支援，与客户共同协商解决办法，根据客户的要求提出投诉处理意见，并交主管领导批示。若客户对处理方案不满意，则可与客

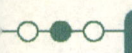

户协商处理办法，如"您觉得怎么处理会比较满意呢"。待客户提出自己的想法后，若在权限范围内，则可以当即答应客户；若在权限范围外，则应与客户协商，如"对于您提出的这个要求，我需要请示上级才能回复您。您看我在请示后尽快回复您，可以吗"。

5. 反馈投诉结果

根据主管领导的批示，客服人员应尽快向客户反馈投诉处理的方案并实施，同时取得客户的谅解和满意，争取尽快为客户处理完毕。在问题处理完毕后，客服人员应将投诉问题、投诉原因及解决办法在投诉处理单上做详细记录，并归纳存档，以备后期统计及为完善工作流程提供参考依据。

6. 投诉回访

对处理完毕的客户投诉，要定期做客户回访，以确认客户满意此次服务，其目的在于，一方面了解自己的补救措施是否有效，另一方面也能加深客户受尊重的感觉。

确认方式：优先电话联系客户，若电话联系不上可采用邮件或留言等方式询问客户对投诉处理是否满意、还有什么要求，以提高客户的满意度。

（二）处理客户投诉的主要步骤

1. 让客户发泄

投诉时，愤怒的客户就像充气的气球一样，当客户发泄完后，也许就没有之前那么愤怒了。以电话投诉为例来讲，当客户发泄时，客服人员最好仔细聆听。当然，不要让客户觉得客服人员在敷衍他，要保持情感上的交流，如"您别着急，慢慢说""我在听，您请讲"。认真听取客户的话，把客户遇到的问题理解清楚。在倾听客户投诉的时候，不但要听其表达的内容，还要注意其语调与音量，这有助于了解客户的情绪。

2. 充分地道歉

在客户把自己的怨气、不满发泄出来，忧郁或不快的心情得到释放和缓解后，客户最希望得到的是同情、尊重和重视，因此，客服人员应立即向其道歉，并采取相应的措施，如"对不起，我非常理解您此时的感受""我很愿意为您解决问题，让我看一下该如何帮助您"。

3. 收集信息

客户有时候会省略或忽略一些重要的信息，客服人员需通过精准的提问来了解真实情况并简要复述客户的投诉内容。例如，"王先生，来看一下我的理解是否正确。您是说，您一个月前买了我们的手机，但发现有时会无故死机。您已经到我们的手机维修中心检测过，但检测结果是手机没有任何问题。今天，再次出现死机的情况，您对此很不满意，要求我们给您更换新机。我理解了您的意思吗"。

4. 提出解决方案

对于客户的不满，客服人员要做到及时提出补救的方案，因为一个及时有效的补救措施往往能让客户的不满化成感谢和满意。

二、处理客户投诉的技巧与话术

（一）处理客户投诉的常用技巧

客服人员在处理客户投诉时运用一些技巧，有利于改善与客户的关系，缩短与客户之间的距离，赢得客户的谅解与支持。

1. 热情接待，快速响应

俗话说，伸手不打笑脸人。礼貌地欢迎并问候客户，始终让客户感受到你的热情，这是客服人员处理好投诉的第一步。处理客户投诉的动作要快，以表示出商家解决问题的诚意，让客户感觉受到了尊重，同时可以防止客户的负面宣传带来更大的伤害，把损失降低到最小。客服人员应快速响应，记下客户的问题，查询发生的原因，及时帮助客户解决问题，最好当天给客户一个初步的方案。客服人员即使不能够马上为客户解决问题，也应告诉客户会尽快解决。

2. 愿意提供帮助

当客户关注问题的解决进度时，客服人员应体贴地表示乐于提供帮助，如"让我看一下该如何帮助您,我很愿意为您解决问题",这样自然会让客户有安全感,从而进一步消除客户的对立情绪,进而形成依赖感。

3. 认真聆听,多一点耐心

当客户叙述时,客服人员应集中注意力倾听,并适时地提出问题,以表示歉意和对事件的关注。这样可以在较短时间内弄清事情的经过,提高办事效率。耐心要多一点,要让客户把话说完,不要随意打断客户的讲述、抱怨和牢骚,更不要批评客户的不足,而要鼓励客户倾诉下去,同时努力找出客户的真正需要。

4. 有效沟通,引导客户情绪

提问时,语言要得体,态度要平稳,不卑不亢,大度从容。对于客户的抱怨,客服人员要有平和的心态。客户投诉时往往带有情绪或比较冲动。对此,客服人员应体谅客户的心情,以平常心对待客户的过激行为。在聆听客户的抱怨时,客服人员应积极地运用和气的语气促进对客户的了解,如在他讲述的过程中不时友好应答,表示对其肯定与支持,这样不仅有助于探询客户的真实需求,而且有助于解决问题。

5. 诚恳感谢,向客户传递其被重视的信号

如果客户收到产品后反映存在问题,客服人员要以真诚的态度热情对待,让客户感觉到客服人员在为他考虑,并且重视他的感觉。售后服务应比交易时更热情,这样才会使客户感受到商家的优质服务。切忌交易之前热情周到,交易结束就爱理不理。这样会使客户很失望,即使东西再好,他们也不会再来了。

6. 认同客户的感受

客户在投诉时会表现出烦恼、失望、泄气、愤怒等各种情感,客服人员不应当把这些表现理解成对你个人的不满。其实,客户仅仅是把你当成了发泄对象而已。你要让客户知道你非常理解他的心情,也非常关心他的问题。

7. 安抚和解释

如果客服人员站在客户的角度想问题,客户一般不会无理取闹。客户来反映某个问题,首先,客服人员要跟客户说"我同意您的看法""我也是这

么想的",这样客户会感觉到客服人员在为他处理问题,并对客服人员产生信任。其次,客服人员要和客户站在同一个角度看待问题,并进行适当的解释,如"是不是这样子的呢""您觉得呢""我们分析一下这个问题""我们看看……"等,这样会显得更亲近一些。另外,客服人员对客户也要以"您"来称呼,不要用"你",因为这样既不专业,又没礼貌。

8. 诚恳道歉

不管是由于什么原因造成客户不满,客服人员都要诚恳地向客户致歉。如果客服人员已经非常诚恳地道歉,且已认识到自己的不足,客户一般也不好意思继续不依不饶。道歉可以让客户在享受服务的同时感受到尊重。客服人员应注意道歉语言的应用。向客户道歉避免使用的语言如图5-1所示。

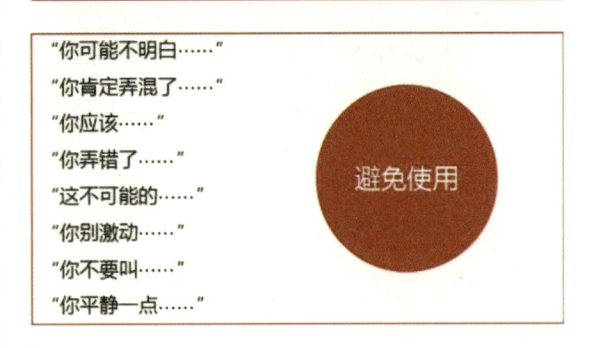

图 5-1 向客户道歉避免使用的语言

9. 提出补救措施

对于客户的不满,客服人员要及时提出补救的方案,并明确地告诉客户。一个及时有效的补救措施往往能化解客户的不满。针对客户投诉,每个公司都应有预案或解决方案,客服人员应让客户知晓并进行选择;要适当地给客户一些补偿,以弥补公司操作中的失误。补偿可以是物质上的,如更换产品、赠送礼品;也可以是精神上的,如评定为荣誉会员等。所做的一切旨在把满意送给客户,把微笑还给客户。在解决问题后,一定要改进工作,以避免今后类似问题的出现。

10. 行动及反馈

客服人员应保证按照解决方案采取行动,使投诉问题得以有效处理,同时采取相应措施以防此类投诉再度发生;在处理过程中采取了什么样的补救措施、现在进行到哪一步了,客服人员都应及时告诉客户,让客户了解客服人员的工作和为他付出的努力；应建立投诉档案，以作为日后投诉处理培训的第一手资料。

（二）处理客户投诉的经典话术

1. 感同身受

（1）我理解您为什么会这么生气，换成是我，也会跟您有一样的感受。

（2）请您息怒，我非常理解您的心情，我们一定会妥善处理。

（3）我非常理解您此时此刻的心情，我们马上为您处理这个问题。

2. 重视客户，多用"我"来代替"您"

（1）您把我搞糊涂了。

换成：我被搞糊涂了。

（2）您搞错了。

换成：我觉得我们之间存在误解。

（3）我已经说得很清楚了。

换成：对不起，或许是我没解释清楚，让您误解了。

（4）您听明白了吗？

换成：我解释清楚了吗？

（5）啊，你说什么？

换成：对不起，我没有听明白，请您再说一遍好吗？

3. 感谢客户

（1）非常感谢您这么好的建议，我会向公司反映，因为有了您的建议，我们才会不断地进步。

（2）谢谢您的理解和支持，我们将不断改进服务，让您更加满意。

4. 赞美客户

（1）张先生，您是一位素质很高的客户，您这个想法很有前瞻性。

（2）张先生，感谢您的配合与理解，您真的很随和。

（3）张先生，听得出来您是一个非常认真负责的人。

任务拓展

弘扬爱岗敬业精神，提升客户服务质量

优质服务是企业参与竞争的王牌武器，也是企业不断发展壮大的基石。而优质服务更多依赖于客服人员的综合素质。一名优秀的客服人员，首先应具备强烈的爱岗敬业精神、饱满的工作热情和认真的工作态度，而后练就善于倾听客户、了解客户、沟通客户的扎实的基本功，同时应修炼良好的心理素质，以及较强的沟通协调力、洞察判断力、坚忍执着力和自制自控力。

爱岗，即热爱自己的工作岗位，有敢于担当、坚守岗位的职业操守；直面问题、迎难而上的勇气；锐意创新、开拓进取的精神。不积跬步，无以至千里；不积小流，无以成江海。合抱之木，生于毫末；九层之台，起于累土；千里之行，始于足下。

敬业是社会主义职业道德的核心理念。宋代理学家朱熹说："敬业者，专心致志，以事其业也。"这是说要用一种恭敬严肃的态度对待自己的工作，认真负责、一心一意、任劳任怨、精益求精。

客服工作是一项日常性、精细性、长期性工作，贵在从点滴做起，常抓不懈，久久为功。企业应该树立全员客服、全岗位客服、全过程客服的服务理念，引导每位员工自觉实现其职业追求和价值目标，并落实、落细到每项具体工作中去，持续提升客户服务水平，持续提高客户满意度。

项目测试

一、简答题

1. 客户投诉的概念是什么？
2. 客户投诉的原因有哪些？
3. 客户投诉的处理流程是怎样的？

二、实训题

分角色扮演电商客服人员和客户，利用千牛工作台进行客户投诉模拟。

项目五 电子商务客户投诉处理综合评价表

学生姓名		班 级		组 别	
实训场地				实训时间	
实训设备				综合成绩	
评价内容	考核项	评分标准		自评得分	组间互评	教师评分

评价内容	考核项	评分标准	自评得分	组间互评	教师评分
职业素养	安全意识、责任意识	A. 作风严谨，自觉遵守纪，能出色地完成工作任务 B. 能够遵守规章制度，并较好地完成工作任务 C. 遵守规章制度，但没完成工作任务，或者虽完成工作任务，但未严格遵守规章制度 D. 不遵守规章制度，没完成工作任务			
	学习态度	A. 积极参与教学活动，全勤 B. 缺勤达本项目总学时的10% C. 缺勤达本项目总学时的20% D. 缺勤达本项目总学时的30%			
	团队合作意识	A. 与同学协作融洽，团队合作意识强 B. 与同学能沟通，协同工作能力较强 C. 与同学能沟通，协同工作能力一般 D. 与同学沟通困难，协同工作能力较差			
	创新能力	在学习过程中提出具有创新性、可行性的建议			
	卫生5S评价	在完成实训后能及时清理实训室，工具摆放整齐，严格遵守安全操作规程，若违反安全操作规程则扣3～10分			

续表

学生姓名				班　级		组　别		
实训场地						实训时间		
实训设备						综合成绩		
评价内容	考核项			评分标准		自评得分	组间互评	教师评分
专业能力	任务一			A. 学习活动评价成绩为 90～100 分 B. 学习活动评价成绩为 75～89 分 C. 学习活动评价成绩为 60～74 分 D. 学习活动评价成绩为 0～59 分				
	任务二			A. 学习活动评价成绩为 90～100 分 B. 学习活动评价成绩为 75～89 分 C. 学习活动评价成绩为 60～74 分 D. 学习活动评价成绩为 0～59 分				
	任务三			A. 学习活动评价成绩为 90～100 分 B. 学习活动评价成绩为 75～89 分 C. 学习活动评价成绩为 60～74 分 D. 学习活动评价成绩为 0～59 分				
项目测试	项目完成情况			A. 按时、完整地完成实训操作与项目测试，问题回答正确 B. 按时、完整地完成实训操作与项目测试，问题回答基本正确 C. 未能按时完成实训操作与项目测试，或者完成不完整、错误较多 D. 未完成实训操作与项目测试				

项目六 电子商务客户关系管理

项目导入

客户是企业最重要的资源，其理论基础为西方的市场营销理论，最早产生于美国并得以迅速发展。该理论和方法极大地推动了西方国家的工商业的发展，深刻地影响着企业的经营观念及人们的生活方式；利用现代技术手段，使客户、竞争、品牌等要素协调动作并实现整体优化的自动化管理系统；其目标定位为提升企业的市场竞争力，建立长期优质的客户关系，不断挖掘新的销售机会，帮助企业规避经营风险，获得稳定利润，因此其正成为一种新的企业管理理念和方法。

如今，市场竞争的焦点已经从产品的竞争转向品牌服务和客户资源的竞争。谁能拥有客户，并与客户建立和保持长期、良好的合作关系，赢得客户信任，给客户提供令其满意的服务，谁就能通过为客户服务的最优化来实现企业利润的最大化。基于对客户价值的认识，现代企业十分重视通过转变经营管理理念和利用现代科学技术为客户提供更为满意的产品或服务来维持和发展与客户的关系。企业的管理理念正在经历着从以产品为中心向以客户为中心的转变。除此之外，客户关系管理能被企业重视还应当归功于近年来资本市场的发展。

项目六　电子商务客户关系管理

项目描述

了解客户关系管理的内涵

熟悉客户资料的获取与管理

掌握客户流失的原因

学会维护客户关系

项目实施

```
电子商务客户关系管理
├── 任务一　认识客户关系管理
│   ├── 客户关系管理的内涵
│   └── 客户关系管理的过程和作用
├── 任务二　客户资料的获取与管理
│   ├── 客户资料的获取
│   ├── 客户资料的管理
│   └── 大客户的识别
└── 任务三　客户流失分析与客户关怀
    ├── 分析客户流失的原因
    ├── 对客户进行关怀
    └── 做好大客户管理
```

任务一　认识客户关系管理

任务情境

王小明从工作中得出一个结论：要想提升企业竞争力，其关键的环节是做好客户关系管理。客户关系管理的核心是客户价值管理，客户作为企业的重要资产，企业在尽力争取客户资源的同时，必须努力保留原有的客户资源。良好的客户关系管理可以帮助企业对潜在客户资料、销售机会、跟踪回访情况及售后服务情况进行有效管理，极大地提高客户满意度和忠诚度，实现客户价值持续贡献，从而全面提升企业盈利能力。什么是客户关系管理？如何进行有效的客户管理呢？现在我们和王小明一起探索客户关系管理的专业理论知识，为今后走上工作岗位打下良好的基础吧！

任务目标

➡ 知识目标

了解客户关系管理的内涵

掌握客户关系管理的过程和作用

➡ 技能目标

通过对客户关系管理产生原因的分析，树立以客户为中心的现代管理理念，并理解客户关系管理的含义

➡ 素养目标

增强刻苦学习的意识

掌握一定的专业知识，提高专业能力

培养良好的服务意识

任务实施

一、客户关系管理的内涵

（一）客户关系管理的含义

客户关系管理（Customer Relationship Management，CRM），指企业为提高核心竞争力，利用相应的信息技术及互联网技术，协调企业与客户间在销售、营销和服务上的交互，从而改善其管理方式，向客户提供创新式的、个性化的客户交互和服务的过程。其最终目标是吸引新客户、保留老客户，以及将已有客户转为忠诚客户。

客户关系管理是一个不断加强与客户交流，不断了解客户需求，并不断对产品及服务进行改进和提高，以满足客户需求的连续的过程。它借助信息技术在企业的市场、销售、技术支持、客户关系管理等各个环节的应用，以改善和增进企业与客户的关系，实现以更优质、更快捷、更富个性化的服务保持和吸引更多客户的目标，并通过全面优化面向客户的业务流程使保留老客户和获取新客户的成本达到最低，最终使企业的市场适应能力和竞争实力有一个质的提高。

总之，客户关系管理的核心思想是以客户为中心，提高客户满意度，改善客户关系，从而提高企业的竞争力。

（二）客户关系管理的基本目标

客户关系管理的基本目标有三个：一是研究用户、确定市场；二是通过提供优质服务吸引和开发客户；三是通过客户研究确定企业的管理机制和管理内容。

二、客户关系管理的过程和作用

（一）客户关系管理的过程

1. 选择目标客户

因为客户需求千差万别，所以很少企业有能力、有资源满足所有客户的

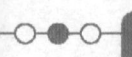

需求。绝大多数企业需要通过市场细分准确地选择目标客户，并针对不同的目标客户提供差异化产品或服务。

2. 研究客户需求

要想为客户提供优质的服务，让客户获得满足感，使其最终成为忠诚客户，企业必须对目标客户进行专业与科学的研究，挖掘客户的价值取向及偏好。

3. 明确市场定位

明确市场定位是为了将本企业与竞争对手区别开来，最高目标是使本企业别具一格，最低要求是做出差异。如果说客户需求解决的是"必须达到的基本高度"的问题，那么市场定位解决的则是"必须达到的理论高度"的问题。许多企业之所以不够成功，是因为只达到了客户需求的基本高度，而没有达到理论高度。

4. 确定营销组合

即使同一目标客户群，由于文化、地理、性别和收入的不同，其个体也具有不同的偏好。因此，企业必须提供不同的产品组合、价格组合，以及与之配套的渠道组合、推广和促销组合。

5. 建立客户关系

建立客户关系包括认识客户、选择客户、开发客户。

6. 维护客户关系

维护客户关系包括对客户信息的获取、对客户的分级、与客户的互动沟通、对客户的满意度分析，并最终通过努力使客户成为忠诚客户。

7. 挽回客户关系

在客户关系出现危机时，企业应及时分析原因，挽回已流失或即将流失的客户。

8. 建设和应用CRM系统

这主要指应用呼叫中心、数据库、数据挖掘、商务智能、互联网、移动设备、无线设备等现代信息技术工具辅助进行客户关系管理。

9. 实现"以客户关系管理为核心的营销"的良性循环

这主要指基于客户关系管理理念，进行客户服务与支持的业务流程重组、营销创新和经营方式转变，以实现CRM系统和其他信息技术管理手段的协同与整合。

（二）客户关系管理的作用

1. 提高客户忠诚度

企业通过客户关系管理可以发现和更好地了解客户的类型和状态，从而为客户提供个性化服务。只要企业掌握了一手客户资料，就能在第一时间发现客户需求和潜在需求的变化，从而提高服务效率和客户满意度，减少客户流失；还能促使客服人员从客户的反馈中发现自己的不足之处，并及时改正，从而提高客户忠诚度。

2. 促进客户复购、增购和交叉购买

客户关系管理可以提高客户对企业营销产品的信任度，促进产品成交和复购；反之，无客户关系管理会减少产品成交量。此外，客户关系管理还可以增加客户交叉购买的概率，即当客户有需求时更乐于找有客户关系管理的企业，从而促成企业其他产品的销售。

3. 降低维系老客户和开发新客户的成本

如果管理好客户关系，那么客户对企业及其产品、服务就会更加信任和了解；同时能节省再次营销的成本（明确营销目标和方向，精准到位），提高签单率。在管理好客户关系后，老客户的口碑效应会带来客户的转介绍，从而有效降低开发新客户的成本。

4. 降低企业与客户的交易成本

客户关系管理使企业和客户之间比较容易形成稳定的伙伴关系和信用关系，这样交易就变得简单了。具体来讲，客户关系管理大大降低了搜寻成本、谈判成本、履约成本，从而最终降低企业与客户的交易成本。

5. 创造双赢效果

良好的客户关系管理对客户与企业都是有利的，是一种双赢的策略。对客户来说，客户关系管理的建立能够为其提供更合适的产品、更好的服务；而对于企业来说，通过客户关系管理可以随时了解客户的构成、需求变化等信息，并灵活地做出回应。

任务拓展

想一想：市场营销部、销售部和客服部应该如何相互协作，共同提高客户满意度？

练一练：什么是客户关系管理？客户关系管理在提高企业管理水平和竞争力方面有什么作用？

任务二 客户资料的获取与管理

任务情境

通过对客户关系管理的学习，王小明逐渐认识到客户关系管理对于企业发展的重要性，也深知全面、良好的客户关系管理离不开企业对客户的了解——这需要企业做好客户资料的获取和管理工作。如何获取客户资料并对客户资料进行有效的管理和应用呢？我们带着这个疑问，和王小明一起到本任务中去寻找答案吧！

任务目标

➡ 知识目标

了解客户资料获取的方法

熟悉客户资料的管理

掌握识别大客户的方法

➡️ 技能目标

正确认识客户资料

掌握客户资料的获取和整理对企业的意义

➡️ 素养目标

增强客户管理意识

培养精益求精的工匠精神

任务实施

一、客户资料的获取

获取客户资料是成功的第一步，为了后续工作的有序开展，在获取客户资料的渠道上应掌握一定的获取方法。从多个渠道收集企业所需要的信息，是保证信息全面的有效方法。因为客户信息对企业的专业判断影响甚大，所以要严格、认真地对待。

（一）网络搜索

这是指通过新闻报道、行业评论等获取。

优点：信息量大，覆盖面广。

缺点：准确性、可参考性不高，需要经过筛选。

（二）权威数据库

这是指国内或国际上对行业信息、企业信息进行的有权威性的统计和分析，是可供参考的重点，对企业销售具有重要的指导作用。

优点：内容具有权威性和准确性。

缺点：不易获得。

（三）专业网站

这是指为了促进各行业内部或行业之间的发展和交流所设立的行业网站或该技术方面的专业网站。

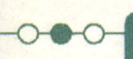

优点：以专业的眼光看行业，具有借鉴性，企业间可进行对比。

缺点：不包含深层次的信息。

（四）展览

各行业或地区定期或不定期举办展览，届时，很多企业会参展。

优点：信息更丰富、具体。

缺点：展览时间具有不确定性。

（五）老客户

老客户同新的大客户之间会有一定的相同之处，而同行业之间会有更多的相似之处。因此，老客户也会很了解其他客户的信息。

优点：信息的针对性和具体性强，可参考性高。

缺点：容易带主观色彩。

（六）客户调查收集法

客户调查收集法是指企业有意识地获取客户对企业的各项意见或建议，这需要尽可能多地收集与客户经历相关的信息（如客户需要服务的质量、客户的相关购买经历等）。客户调查收集法一般采用电话调查、邮件调查、焦点人群调查和流失客户调查等方式。

优点：参与度高，可操作性强，易于分析与总结。

缺点：调查结果具有延迟性。

二、客户资料的管理

系统地、有计划地去做好客户资料的管理，一方面可以大大提高客户管理的工作效率；另一方面可以更好地维护客户关系、理顺跟进情况，从而提高成单率。

（一）客户资料的整理

客户资料的整理是采用科学的方法，对收集到的信息进行筛选、分类、计算、存储，使之系统化、条理化，综合反映客户特征的工作。客户资料的整理是客户管理的重要工作，因此在整理客户资料时要遵循及时性、准确性、适用性、经济性原则。

1. 信息加工

这是指将获取的客户资料进行计算和整合。

（1）导入或导出：导入指按照规定格式将客户信息导入分析客户资料管理软件的过程；导出指将汇总、整理好的客户资料按照格式要求导出的过程。

（2）核对：核对两个不同文件里的同一信息，如信息相同则采用，如不同则需进行验证，之后留用真实的信息。

（3）更新：及时将原始文件中的信息进行追加、删除或修改，完成更新。

（4）综合处理：将原始资料中的同类项进行合并处理，向信息使用者提供统一的总体信息。

（5）生成：将不同性质的文件合在一起，生成图表或文件。

2. 信息传输

这是指将加工过的信息用数据通信的方式，在终端上的用户与中央计算机或局部网络用户之间进行数据交换，分享中央数据库及网络内部的各种数据库的信息资源。

3. 信息存储与备份

对于经过加工、处理的信息，要及时做好存储和备份，以备后续使用、查验和更新。

4. 信息检索

这是指建立科学的信息查找、检索方法，方便信息使用者查找和使用已处理完成的客户资料。

5. 信息提供

这是指在客户资料处理和整理完成后，以计划、统计报表和数据分析图等形式，按照企业各部门的资料需求输出信息。

（二）客户资料的分类

1. 个体客户资料的分类

个体客户资料的分类：可以按照客户经常活动的区域及周边的自然环境进行地理分类，也可以根据客户的年龄、职业、收入层次、受教育情况等标准进行人口分类，还可以按照个体客户的不同消费行为进行行为分类。

2. 组织类客户资料的分类

组织类客户资料的分类大致可以分为组织客户行业分类、组织客户规模分类和组织客户地点分类。

（三）客户资料分析

客户资料分析是通过对客户详细资料的深入分析来提高客户满意度，从而提高企业竞争力的一种手段。它主要包含以下几个主要方面。

1. 客户概况分析

客户概况分析指对客户的层次、风险、爱好、习惯等进行分析。

2. 客户忠诚度分析

客户忠诚度分析指对客户对某产品或商业机构的忠实程度、持久性、变动情况等进行分析。

3. 客户利润分析

客户利润分析指对客户所消费的产品的总利润和净利润等进行分析。

4. 客户发展分析

客户发展分析指对客户数量、类别等情况的发展趋势进行分析。

三、大客户的识别

大客户通常是某一领域的细分客户，是实现企业利润和可持续发展的最为重要的保障之一，对于企业具有重要的意义。因此，对大客户的识别、开发与持续经营已经成为行业竞争的焦点。尽管不同企业对大客户的定义不同，但是要想成为大客户至少要包含以下元素之一。

（1）与企业存在事实上的大订单并至少有 1～2 年或更长时间连续合约的客户，能带来相当大的销售额或具有较大的销售潜力。

（2）有大订单且具有战略性意义的项目客户。

（3）对于企业的生意或形象，在目前或将来有着重要的影响。

（4）有较强的技术吸收和创新能力。

（5）有较强的市场拓展实力。

企业应该集中精力从大客户身上寻找价值，因为大客户会使有限的资金、资源产生最大的效益。

任务拓展

1. 两名同学为一组，回忆一下自己曾经见过的各种企业客户资料获取的方法，以及当时负责信息收集的工作人员采取了什么方法。作为被收集者，你赞同企业所采取的方法吗？如果两人均赞同，请两人比较一下这两种信息收集方法各有什么优缺点。

2. 甲乙二人是好朋友，甲同学私下将自己收集来的资料分享给了乙同学。甲同学的做法对吗？请大家从法规意识、安全意识层面来探讨一下。

任务三　客户流失分析与客户关怀

任务情境

王小明的一位 VIP 客户弃他而去，这不仅让王小明伤心不已，也让他很疑惑，因为之前该客户对公司的产品和王小明的服务都很满意。现在客户突然流失，王小明百思不得其解。那么，王小明应该怎样去维护已有的客户呢？

任务目标

➡ 知识目标
了解客户流失的原因
掌握客户关怀的方法
学会对大客户的管理

➡ 技能目标
对客户流失的原因进行分析,并能够采取相应的措施加以补救

➡ 素养目标
具备正确、有效的管理方法
端正服务态度
提升服务质量

任务实施

一、分析客户流失的原因

(一)工作人员流动导致客户流失

这是现今客户流失的重要原因之一。企业的高级营销管理人员每年都有离职的,如果企业控制不当,在这些营销管理人员流失的同时往往伴随着客户群的流失。

(二)竞争对手夺走客户

一个行业的客户是有限的,特别是优秀的客户。所以,优秀的客户自然成为各大企业争夺的对象。

(三)市场波动导致客户流失

企业的资金紧张、意外灾害等会导致市场出现波动,而企业的波动往往是客户流失的主要原因。

（四）言而无信让客户丧失信心

客户最担心的是和没有诚信的企业合作。若企业出现诚信问题，客户往往会选择立即离开。

（五）对待客户不公平

当客户察觉到他们受到了不公平的待遇，或者觉得被欺骗了，那么他们很可能离开，甚至进行投诉。

（六）未满足客户需求

如果客户需求没有得到满足（或产品有质量问题，或对服务不满意），就很有可能出现客户流失的现象。

（七）客户期望值过高

如果客户对产品或服务的期望值太高，而实际的消费体验比较差，往往就会导致客户因心理不平衡而产生不满的情绪。

（八）自然流失

有些企业长期与客户缺乏沟通，或者有的客户转行、转业等，这些也会造成客户流失。

二、对客户进行关怀

随着时代的发展，越来越多的企业将自己的注意力由产品转移到客户上，且越来越重视客户对企业的可持续性发展的重要作用。

（一）借助 CRM 系统稳定企业与客户的关系

企业要秉持"客户至上"的理念，维护好企业的老客户，确保老客户对企业有持续的价值贡献。相关资料显示，企业开发新客户的花费是维护老客户的两到三倍。对此，企业可以借助 CRM 系统来稳定企业与老客户的关系，如在节日和客户生日时，CRM 系统提醒相关销售人员给客户及时送上祝福。企业也可以通过 CRM 系统更好地为客户解决问题，倾听客户的抱怨，及时修复企业与客户之间的裂痕，更好地做沟通，提高服务效率和客户满意度，积极地稳定企业与客户之间的关系。

（二）运用科学手段管理客户

客户关系管理是一种情怀服务。随着科技的发展和客户诉求的不断变化，企业要善于运用一切科学手段来管理客户，做好客户关怀，将客户的每个生活细节都记在客户服务系统上，让冰冷的产品包裹上温暖的过程服务。企业应运用现代科技手段，通过企业客户平台共享客户信息，使企业员工全面了解客户关系，根据客户需求进行交易，并记录好客户信息，以便更好地服务客户，提高客户满意度。

（三）与客户及时沟通

在客户关系管理上，最重要的是与客户及时沟通，获取有用的信息，让企业的客服人员或营销人员协调好与客户的关系，及时传达客户的要求、意见。企业可以将客户关怀贯穿到售前、售中和售后的各个环节，随时记录客户需求、客户的服务状况等。客服人员和营销人员可以从多个维度了解客户，从而有针对性地开展工作。

（四）保证高效的执行力

要想留住客户，高效的执行力不可或缺。对此，CRM 系统显得尤为重要，其以客户为主线，时刻关注客户的新动态，并及时追踪客户需求，精准地推送符合客户需求的营销信息。除此之外，CRM 系统在进行心理关怀时可利用系统的短信群发和邮件群发功能，也可设置提醒，防止遗忘。

做好客户关怀，不仅能促使新客户的成交和老客户的重复购买，还可以实现口碑营销。

三、做好大客户管理

（一）细分大客户市场

为了对大客户更有效、更有针对性地开展服务，满足大客户的需求，进一步细分大客户市场成为大客户营销的重要工作，可以将具有特色的单个客户作为一个细分市场，最后进行不同层次、不同行业、不同特性的产品和服务的市场定位、开发、包装和营销。

（二）从个性化需求分析到个性化服务

充分理解大客户的需求，做到"比客户更了解客户"。个性化需求分析要点包括建立完整且详细的大客户档案、了解客户的网络情况和业务情况、了解客户技术创新的总体目标、了解客户的现有产品的使用情况、了解客户的决策流程、分析客户的潜在需求，同时根据每个企业不同的业务模式对具体问题进行具体分析，为客户制定更有针对性、更切实可行的个性化产品、服务和解决方案，针对不同行业特点提供个性化服务。完善的个性化服务更具备高度的灵活性、扩展性和持续服务的能力。大客户的个性化服务既要有统一的普遍服务的原则，也要针对不同的客户群有精细服务的策略，应根据具体客户开发和制定更具灵活性、实用性的功能、流程及相应的业务策略，从而提高大客户满意度。

（三）建立完善的大客户服务制度

服务是工业品行业的企业非常重要的一项任务。首先，树立"以客户为中心，全心全意为客户着想"的服务理念。其次，建立服务管理机构，完善各项保障制度，具体包括：设立大客户部和安排专人负责大客户服务质量管理；建立大客户投诉管理流程，保证大客户的投诉得到快速处理，提高大客户服务的便利性和客户满意度。最后，提升大客户的服务层次，全面保障大客户的优越服务。

（四）做好大客户关系维护

首先，企业应做好建立大客户档案的基础工作，整理现有大客户和潜在大客户的资料，为实施客户关系营销策略提供有力依据。其次，对客户关系进行分析评价，鉴别不同类型的客户关系及其特征，评价客户关系的质量，并及时采取有效措施，保持企业与客户的长期友好关系。再次，根据不同等级服务的要求实施不同级别的服务，努力与大客户建立相互信任的朋友关系和互利双赢的战略伙伴关系。最后，建立大客户俱乐部，开展各项活动，加

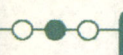

强信息和情感沟通，同时完善营销策略。

总之，企业要做好大客户的管理工作，不但要认清管理中的问题，还要采取有效的应对措施，建立科学有效的客户管理体制。

任务拓展

1. 为满足大客户的需求，实施大客户管理，企业就可以在一定程度上牺牲小客户的利益吗？

2. 在利用课余时间搜集大客户资料时，我们要有一定的规则意识和法律意识，要对搜集的大客户资料做好保密工作。

项目测试

一、简答题

1. 客户关系管理产生的原因有哪些？
2. 简述获取客户资料的方法。
3. 造成客户流失的原因有哪些？

二、实训题

花旗银行是大客户管理方面的佼佼者。他们选派最好的员工去加强与大客户的联系。高层管理人员不惜花大量的时间拜访这些大客户，对这些大客户提供全面的商业银行服务，包括资产管理、保险、个人理财、咨询顾问，甚至旅游服务等。花旗银行已实现从出售产品向出售方案的转变，客户不再是银行某一产品和服务的接受者，而是银行提供方案的订购者；花旗银行也不仅为客户提供单项产品和服务，还是客户的长期支持者、伙伴。

假如你是一名银行的大客户经理，花旗银行大客户管理的案例对你有什么启示？

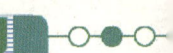

项目六 电子商务客户关系管理综合评价表

学生姓名			班级		组别	
实训场地					实训时间	
实训设备					综合成绩	
评价内容	考核项	评分标准			自评得分	组间互评	教师评分

评价内容	考核项	评分标准	自评得分	组间互评	教师评分
职业素养	安全意识、责任意识	A. 作风严谨，自觉遵章守纪，能出色地完成工作任务 B. 能够遵守规章制度，并较好地完成工作任务 C. 遵守规章制度，但没完成工作任务，或者虽完成工作任务，但未严格遵守规章制度 D. 不遵守规章制度，没完成工作任务			
	学习态度	A. 积极参与教学活动，全勤 B. 缺勤达本项目总学时的10% C. 缺勤达本项目总学时的20% D. 缺勤达本项目总学时的30%			
	团队合作意识	A. 与同学协作融洽，团队合作意识强 B. 与同学能沟通，协同工作能力较强 C. 与同学能沟通，协同工作能力一般 D. 与同学沟通困难，协同工作能力较差			
	创新能力	在学习过程中提出具有创新性、可行性的建议			
	卫生5S评价	在完成实训后能及时清理实训室，工具摆放整齐，严格遵守安全操作规程，若违反安全操作规程则扣3～10分			

续表

学生姓名		班 级		组 别		
实训场地				实训时间		
实训设备				综合成绩		
评价内容	考核项	评分标准		自评得分	组间互评	教师评分
专业能力	任务一	A. 学习活动评价成绩为 90～100 分 B. 学习活动评价成绩为 75～89 分 C. 学习活动评价成绩为 60～74 分 D. 学习活动评价成绩为 0～59 分				
	任务二	A. 学习活动评价成绩为 90～100 分 B. 学习活动评价成绩为 75～89 分 C. 学习活动评价成绩为 60～74 分 D. 学习活动评价成绩为 0～59 分				
	任务三	A. 学习活动评价成绩为 90～100 分 B. 学习活动评价成绩为 75～89 分 C. 学习活动评价成绩为 60～74 分 D. 学习活动评价成绩为 0～59 分				
项目测试	项目完成情况	A. 按时、完整地完成实训操作与项目测试，问题回答正确 B. 按时、完整地完成实训操作与项目测试，问题回答基本正确 C. 未能按时完成实训操作与项目测试，或者完成不完整，错误较多 D. 未完成实训操作与项目测试				

项目七 电子商务客户服务数据分析

项目导入

随着互联网的发展，网上购物日渐成为一种趋势。同时，各大电商平台的竞争也愈发激烈，可以说赢得了客户就在竞争中获得了话语权，就能处于优势地位。要想获得客户的青睐，就要了解客户。当下，信息技术不断发展，信息管理工具与信息系统也日趋完善，能运用这些工具和系统分析、了解客户的行为，进而对客户采取差异化的服务，对电商从业者来说至关重要。利用数据分析工具在海量的数据中发现客户的购物习惯、购物方式、收入水平、购买倾向等信息，可以帮助企业增加对客户的了解。当前，很多数据分析工具通过对海量数据的搜集、筛选、分类、整理得出客户画像，向使用者呈现客户信息。使用者将客户信息进行整理，可以发现客户在购物时的习惯及对某电商平台的偏好原因，进而提出差异化服务策略以提高服务质量，增强客户的黏性。

若想长期维护与客户的关系，则需要进行维护管理，即利用客户信息收集工具获取客户的有效数据，进而整理、分类、设置标签，采取差异化战略。只有分析客户、了解客户才能更好地维系客户，因此客户服务数据的收集与分析至关重要。

项目描述

认识电子商务客户服务术语

掌握询单转化率、客单价的概念

掌握旺旺响应速度、商品退款率的概念

学会分析电子商务客户服务数据

熟悉数据分析软件

了解数据分析案例

项目实施

电子商务客户服务数据分析

- **任务一 认识电子商务客户服务术语**
  - 询单转化率
  - 客单价
  - 旺旺响应速度
  - 退款率和退货率

- **任务二 分析电子商务客户服务数据**
  - 数据分析软件介绍
  - 数据分析案例

任务一　认识电子商务客户服务术语

任务情境

王小明在电子商务服务站工作一阵后，主管对他提出了要求：提高询单转化率，尽量提高客单价，提高旺旺响应速度，降低商品退款率。然而，王小明听得一头雾水。归根结底是他对很多专业术语不了解，这样就不能很好地完成任务。对此，王小明感到十分头疼。想要解决这个问题，只有认真学习电子商务客户服务的相关专业术语。下面，我们一起去了解一下吧！

任务目标

➡ 知识目标

认识询单转化率
了解客单价
掌握旺旺响应速度的含义
掌握商品退款率的含义

➡ 技能目标

能够灵活运用电子商务客户服务术语分析问题

➡ 素养目标

提高学生学习电子商务客户服务术语的积极性
激发学生通过不断学习完善自己的决心
树立科学严谨的工作作风

任务实施

一、询单转化率

询单转化率：在近 28 天通过旺旺咨询的买家中，下单的买家数与咨询过的买家数的比例。

计算公式：询单转化率＝1 个自然日内咨询并最终下单的数量 ÷ 1 个自然日内的咨询总数。

计算周期为近 28 天。提高询单转换率的关键在于提高客服的服务能力和销售能力。

提高询单转化率的具体方法如下。

（1）在提高客服人员的打字速度方面：不让客户等，因为一旦超过 10 秒，客户的耐心就被磨完了。此外，良好的话术也是必需的。

（2）在提升客服人员的销售技巧方面：可通过生意参谋等工具查看一些数据和客服人员在这段时间完成的工作事项，进行查漏补缺。如果有需要，就要去学习销售引导技巧和关联销售技巧。

（3）在基础知识方面：需要加强客服人员对产品的熟悉程度（可以考核和抽查客服人员对产品的记忆）。

（4）在基层管理方面：商家要有严格的管理制度和工作流程，让客服人员有良好的工作习惯，以免出现混乱的局面和无人响应的情况。

（5）在考核方面：考核机制是一定要有的，以体现一个店铺的管理有方应做到发现问题、解决问题，根据实际情况来考核。

二、客单价

客单价：每个客户平均购买产品的金额，即平均交易金额。

计算公式：客单价＝销售额 ÷ 成交人数。

客单价的影响因素如下。

（一）产品定价

产品定价的高低基本上确定了客单价的多少，理论上，客单价只会在产品定价的上下的一定范围内浮动,类似于市场经济学里的价值规律的情形,特殊类目(如零食、紧固件等一些客户通常会多件购买的产品)除外。

(二)促销优惠

在大型促销优惠活动中,客单价的高低取决于优惠力度(如优惠券、折扣满减、秒杀、赠品返利等)的大小。除此之外,免运费的最低消费标准的设置对客单价也是有重要影响的。举个例子:某家店铺设置的免运费最低消费标准为199元,也就是消费满199元才能免运费,在优惠力度较大的情况下,这样的设定是让客户选择凑单购买多件产品的一个较好的办法(当然还是要看产品的吸引力),这时的客单价就会较之于平时提高不少。

(三)交叉推荐

这是一个间接影响因素。对于交叉推荐的定义,不同的平台有不同的见解,以淘宝为例,一般在商品详情页,店铺会推荐购买某套餐,同时在商品详情页内加入其他宝贝的图片链接,这种互链是交叉推荐的最原始的定义,又叫相互引流。现在,基于大数据的算法,在首页、中间页、搜索列表页、详情页、购物车页、订单详情页,关联商品推荐无所不在。

(四)其他

类目属性:不同类目的客单价是不同的,如一袋薯片与一件衣服,在互联网上购物,除去运费最低消费的影响,你是愿意只买一件衣服还是购买一袋薯片呢?这里并不是让你来选择购买哪一样,而是让你选择购买物品的数量。客户通常会购买一件或一件以上的衣服,而不会仅仅购买一袋薯片(当然会顺便看看有没有其他的产品,或者购买多袋薯片)。考虑到在线消费的时间成本与操作成本当然不会只买一件单位定价低的商品(该商品的正常市场价格),这与我们逛超市同理,在绝大部分情况下不会仅为了买瓶水才去。所以,这里提出的客单价的影响因素实质上与购物车里的商品数量是有莫大关系的。通过提高客单价以提高销量的诀窍,就是提高单个客户的购物车内商品的数量,以及单个订单内商品的数量。

三、旺旺响应速度

（一）旺旺响应速度会影响什么

旺旺响应速度会影响很多方面，这里我们就针对比较重要的两点来说。

1. 销售额

试想我们在旺旺上向商家进行咨询，有的是系统生硬地回复，有的是客服人员直接快速响应。我们更愿意买谁家的？这里只是第一次的响应速度，对客户是否愿意继续沟通已经产生了这么大的影响，如果是整个购物流程的平均响应速度呢？这个速度对最终能否成交有着至关重要的影响。

2. 搜索排名

哪个商家不想自己的商品占据靠前的位置？排名能否靠前受很多因素的影响，旺旺响应速度就是影响排名的因素之一。快速响应无疑会提高客户的购买热情。

（二）什么影响旺旺响应速度

1. 客服人员的服务意识

客服人员不具备基本的服务意识、不想去搭理客户是影响旺旺响应速度最主要的因素，也是完全不可控的因素。因此，在客服人员上岗前一定要进行服务意识培训。

2. 客服人员的业务知识储备

客服人员的业务知识储备包括很多方面，如上岗前的业务知识培训、上新前的培训和活动前的培训等。如果客服人员具备了这些知识，那么在应对客户时会更加娴熟、灵活，更有利于促进交易成功。

以活动前的培训为例来讲，如果商家可以预先储备常见问题的回复短语（可以是针对商品的，也可以是针对活动规则的），那么客服人员在实战中就可以节省时间。

3. 客服人员的打字速度

对于旺旺响应速度的影响，客服人员的打字的速度能否跟得上也是至关重要的。

那么，客服人员的打字速度要多快才合格呢？一分钟90个字。我们可以将其作为参考。最好的方法就是先测试，看目前各个客服人员的打字速度的平均值是多少，然后在平均值的基础上增加10～20个作为目标——结合KPI考核会更有效。

综上所述，旺旺响应速度的影响不容小视，商家可以从考核和培训两方面着手来提高旺旺响应速度，从而促进更多成交。

四、退款率和退货率

退款率＝近30天成功退款笔数÷近30天支付宝交易笔数×100%。退款率每个月都要重新算一次，所以每个月的退货率会有所不同。

退货率＝单月店铺客户退货数量（成本金额）÷单月店铺销售数量（成本金额）×100%。退货率可从侧面表达单店服务、产品质量、产品价格的指标。

客户对产品或服务不满意，或者因为其他原因想要退货、退款，主要有以下几种情况。

（一）未发货取消

这是指产品被客户拍下后还未发货就申请退款的情况（以淘宝后台数据为准）。遇到这种情况，客服人员可以询问是否确认退款，并查看客户填写的退款原因，看是否有挽回的余地。

（二）实物寄回

这是指在已经发货后，客户申请退款或换货而导致的退货，实物一般会被寄回（以仓库收到的包裹数据为准）。

（三）实物未寄回

这是指在发货后，因为产品损坏等造成不可再售的情况而导致产品无法被寄回，客户直接退款，或者经过客服人员的努力，客户接受不退货而退部分款的补偿（以退款记录数据为准）。

任务拓展

通过对本任务的学习，我们了解到熟知客户服务术语对提升岗位认知有重要作用。电子商务发展日新月异，我们要树立不断学习的意识。

小组讨论：电子商务客户服务术语对提升职业道德素养的作用。

利用互联网查找电子商务客户数据分析文档，运用所学的电子商务客户服务术语对客户服务数据进行简要分析。

任务二　分析电子商务客户服务数据

任务情境

王小明经过努力学习，掌握了很多电子商务客户服务知识，信心满满，认为自己肯定能够胜任这份工作了。然而，在工作了一段时间后，王小明发现客户差异性特别大，采用同样的话术，有些客户会欣然下单，有些客户却完全不理睬，甚至引发冲突。这让王小明对自己的工作能力产生了怀疑。在询问过前辈之后他才知道，原来是自己没有通过数据分析对客户进行分类，造成没有提供差异化服务导致的。下面，我们一起来了解一下如何分析电子商务客户服务数据吧！

任务目标

▶ 知识目标

了解数据分析软件

了解数据分析案例

项目七　电子商务客户服务数据分析

🡒 技能目标

能够灵活运用数据分析软件获得的数据去分析案例

🡒 素质目标

激发学生学习电子商务客户服务数据分析的积极性

培养学生的数据敏感度，树立科学严谨的工作作风

培养学生为家乡服务的决心和信心

任务实施

一、数据分析软件介绍

（一）站内免费客户管理工具

各大电商平台在服务市场均可订阅站内免费客户管理工具，如阿里系的客户运营工具等。

站内免费客户管理工具可直接根据收集的客户服务数据进行会员分组管理、忠诚客户整理、信息内容归类、产品管理、信息分析。

（二）付费工具

多卖 CRM、夏猫短信、客道 CRM、赤兔 CRM、超级无线、云短信 CRM、豆免短信、维客短信，以及亚马逊平台的 AMZTracker 店铺运营等，如图 7-1、图 7-2 所示。

商家通过相关 CRM 工具收集基本数据、消费数据、行为数据、营销数据等信息（见图 7-3），利用 Excel 进行第二阶段的信息整理，可整理成客户档案、客户回访表、售后处理登记表等。

网店在经营的过程中和实体店一样都要遵守国家的法律法规，也要遵循交易平台的规则。网店的客服人员还应该掌握并遵守最新的电子商务法律法规，如《中华人民共和国电子商务法》等。

图 7-1　各种付费工具

图 7-2　亚马逊平台的付费工具

基本数据	消费数据	行为数据	营销数据
姓名	客单价	退款率	聚划算
性别	累计购买金额	好评率	参与度
职业	货单价	最后登录时间	免邮次数
地区	购买商品数量	店铺签到次数	优惠券使用概率
生日	时段内购买金额	兑换积分情况	彩票赠送次数
联系方式	最后购买时间	收藏店铺情况	店铺会员优惠次数
会员等级	购买商品SKU	静默下单次数	订单改价次数
			礼品赠送情况

图 7-3　卖家通过相关 CRM 工具收集的信息展示图

二、数据分析案例

王小明通过站内免费客户管理工具搜集了客户的一些基本信息，并从这些信息中筛选出了自己认为有用的信息整理成表。其中的 RFM 模型是衡量客户价值和客户创造利益能力的重要工具和手段，包括三个重要指标：最近一次消费（Recency）、消费频率（Frequency）、消费金额（Monetary）。现在，我们帮王小明一起根据这些信息，按照一定的标准将客户进行分类，并提出差异化服务策略。

（一）客户分类标准

1. 忠诚客户

（1）消费能力强，但很久不来。

（2）经济能力有限，但对本店的产品很热衷。

（3）新客户，购物频繁、消费能力强。

2. 流失客户

（1）尚未流失，但客户不太热情，恐流失。

（2）前期失误，没有把握住此类客户。

（二）差异化服务策略

1. 忠诚客户

对于忠诚客户，商家可以采取智能短信营销、优惠券营销、邮件营销、流量营销、包裹营销、支付宝红包营销等方式。

2. 流失客户

对于流失客户，商家首先使用情感关怀挽回法，其次针对具体情况采用有效的挽回方法。举例说明，王小明搜集的某客户数据如表 7-1、表 7-2、表 7-3 所示。

表 7-1 王小明搜集的某客户信息表

项目	具体数据	项目	具体数据
累计消费金额	14320 元	累计购买次数	50 次
品牌忠诚度	80%	免邮次数	50 次
近一年累计购买金额	3400 元	店铺客户近一年累计购买金额均值	4320 元
平均每次消费金额	340 元	店铺客户每次消费均值	200 元
平均购买数量	60 件	店铺客户购买商品数量均值	40 件
活动参与度	70%	退款率	5%
优惠券使用率	90%	好评率	90%
店铺会员优惠次数	50 次	静默下单次数	45 次
礼品赠送次数	28 次	兑换积分	140 分
店铺签到次数	30 次		

表 7-2 王小明搜集的客户 RFM 数据指标

RFM 数据指标	数值
最后消费时间	3 个月前
消费频率	半年内 10 次
最近一次消费金额	300 元

表 7-3 王小明搜集的客户近六次消费信息

近六次消费金额	金额／元
倒数第一次	300
倒数第二次	180
倒数第三次	360
倒数第四次	290
倒数第五次	320
倒数第六次	280

为方便分析，王小明将整理出来的数据信息进行了处理，如图 7-4、图 7-5、图 7-6 所示。

营销数据	数值	行为数据	数值	RFM数据	数值
活动参与度	70%	退款率	5%	最后消费时间	3个月前
优惠券使用概率	90%	好评率	90%	消费频率	半年内10次
店铺会员优惠次数	50次	静默下单次数	45次	最后一次消费金额	300元
免邮次数	50次	兑换积分	140分		
礼品赠送次数	28次	店铺签到次数	30次		

图 7-4 王小明搜集的某客户的消费数据图

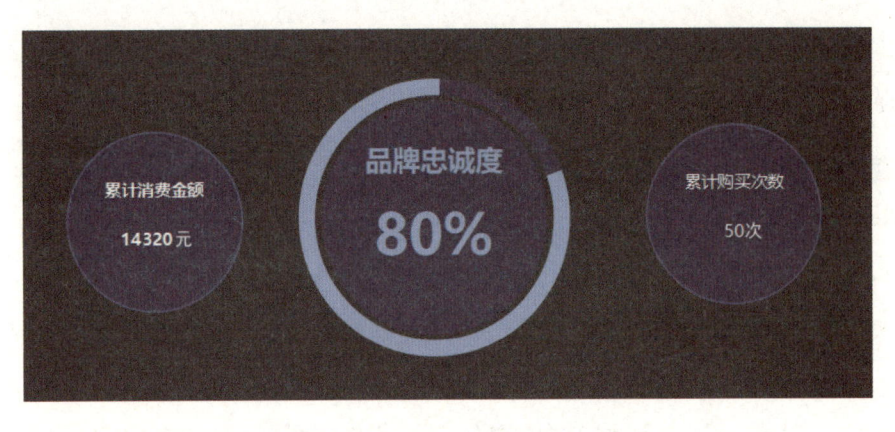

图 7-5 王小明搜集的某客户的信息可视化看板

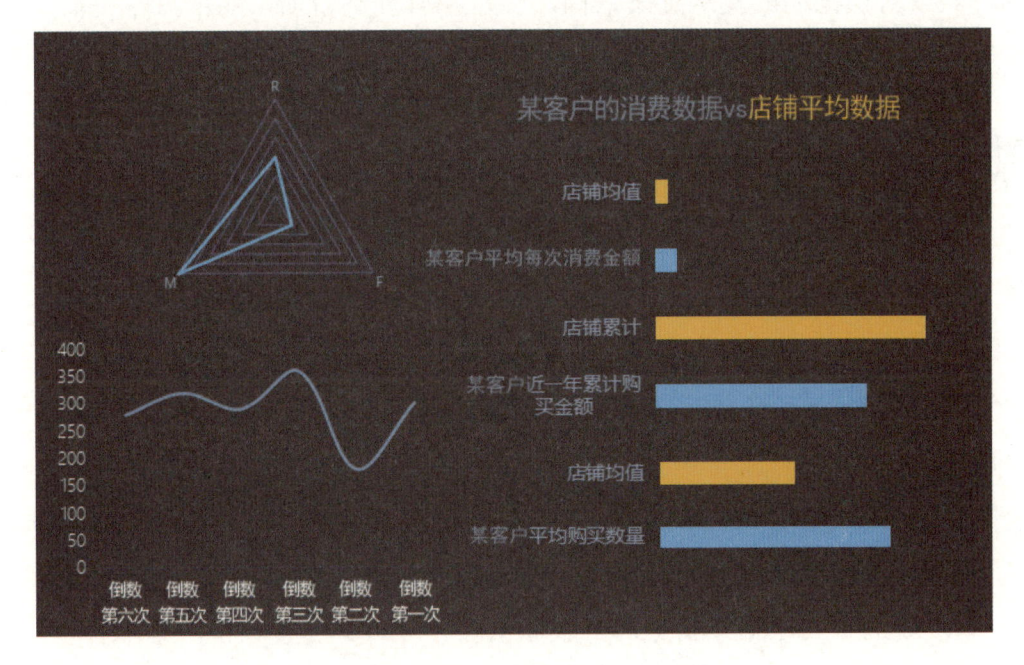

图 7-6 王小明搜集的某客户的消费模型图

针对搜集到的数据，王小明对该客户进行了如下分析。

从整体数据来看，该客户累计在店铺消费金额达到 14320 元，累计购买次数为 50 次，品牌忠诚度为 80%。该客户前期消费稳定，后期出现下滑。

该客户最近一次消费时间是 3 个月前，创利潜力不足；该客户的消费频率为半年内 10 次，与店铺均值——半年消费次数 12 次对比，可见其对店铺发展的推动力欠佳；该客户最近一次消费金额为 300 元，消费金额超过店铺均值。

由此，王小明认为该客户属于忠诚客户，对品牌有一定的黏性，且消费能力强，但很久没来了；对于这种客户，要抓紧维护。

参照该客户的营销数据发现，该客户优惠券使用率为90%，活动参与度为70%，店铺会员优惠次数为50次，礼品赠送次数为28次。这说明该客户喜欢优惠活动，并乐于在有优惠券或折扣时购买。

为维护与该客户的关系，商家可以采取短信营销和场景营销中的复购提醒策略。短信仍是目前最快捷、最能直接触达客户的沟通方式，可用于店铺新品上线、日常促销、引导客户复购、老客户唤醒及平台大促等营销活动的通知。以对快消品的复购提醒为例，客户都有复购习惯，当宝贝即将消耗完毕时，结合会员权益和优惠提醒客户复购，从而提升复购率。

任务拓展

通过对本任务的学习，我们知道可以利用数据来科学地分析客户，进而提出差异化服务策略。请搜集数据分析案例，试着利用所学知识进行分析。

项目测试

一、简答题

1. 请列出几个电子商务客户服务术语，并解释其含义。
2. 利用数据分析电子商务客户服务对于企业有哪些意义？

二、实训题

请以客户的身份在三个不同的电商平台进行注册，查看不同电商平台的客服人员对你的针对性策略，并做出分析。

项目七 电子商务客户服务数据分析综合评价表

学生姓名				班级		组别		
实训场地						实训时间		
实训设备						综合成绩		
评价内容		考核项	评分标准			自评得分	组间互评	教师评分
职业素养		科学态度、严谨作风	A. 态度端正，分析方法科学严谨 B. 能够科学严谨地完成工作任务 C. 有科学的态度，或者虽能自主分析但未做到严谨分析 D. 没有科学的态度，工作作风不严谨					
		课堂参与积极性	A. 积极参与教学活动，全勤 B. 缺勤达本项目总学时的10%，积极性强 C. 缺勤达本项目总学时的20%，积极性较差 D. 缺勤达本项目总学时的30%，积极性差					
		团队合作意识	A. 与同学协作融洽，团队合作意识强 B. 与同学能沟通，协同工作能力较强 C. 与同学能沟通，协同工作能力一般 D. 与同学沟通困难，协同工作能力较差					
		创新能力	在学习过程中提出能及时清理实训室，可行性的差异化分析策略					
		卫生5S评价	在完成实训后能及时清理实训室，工具摆放整齐，严格遵守安全操作规程，若违反安全操作规程则扣3～10分					

续表

学生姓名		班　级		组　别	
实训场地				实训时间	
实训设备				综合成绩	
评价内容	考核项	评分标准	自评得分	组间互评	教师评分
专业能力	任务一	A. 学习活动评价成绩为 90～100 分 B. 学习活动评价成绩为 75～89 分 C. 学习活动评价成绩为 60～74 分 D. 学习活动评价成绩为 0～59 分			
	任务二	A. 学习活动评价成绩为 90～100 分 B. 学习活动评价成绩为 75～89 分 C. 学习活动评价成绩为 60～74 分 D. 学习活动评价成绩为 0～59 分			
项目测试	项目完成情况	A. 按时、完整地完成实训操作与项目测试，问题回答正确 B. 按时、完整地完成实训操作与项目测试，问题回答基本正确 C. 未能按时完成实训操作与项目测试，或者完成不完整，错误较多 D. 未完成实训操作与项目测试			

项目八　电子商务客户服务员工管理

项目导入

很多公司对电子商务客户服务员工（客服人员）的重视程度过低。所谓"铁打的店铺，流水的客服"，大多数的中小型公司仅仅把客服人员当作公司卖货的工具，认为客服工作没有什么技术含量，做得好坏无非是话术、热情的原因。在管理方面，这类公司也采取比较粗放的形式，往往让客服人员去配合推广部门的节奏。殊不知，客服人员在一个店铺的运营团队中占有举足轻重的地位。在工作过程中，客服部门是接触客户最多的部门，对公司经营有着诸多方面的重要影响，其数据采集对公司的营销方向、产品整改、经营策略等都有着巨大的参考价值。一个合格的客服人员必须拥有在产品上的专业性、对工作的热情、服务客户的技巧及应对各种问题的方法。

培养一个合格的客服人员需要大量的人力、物力。频繁地更换客服人员不仅花费更多，而且由于客服人员对公司缺少认同感和归属感，工作的积极性也不会高，往往工作机械而没有热情，从而导致客户的购物体验差，影响店铺的整体运营。因此，客服人员的管理者必须了解客服人员培训的内容、掌握客服人员心理疏导方法、建立公司激励机制，从而打造更为专业、稳定的客服团队。

项目描述

了解电子商务客户服务员工管理的概念
了解电子商务客户服务员工管理的意义
掌握电子商务客户服务员工培训的内容
掌握电子商务客户服务员工心理疏导的方法
掌握电子商务客户服务员工激励的内容
了解电子商务客户服务员工KPI考核的重要性

项目实施

```
电子商务客户服务员工管理
├── 电子商务客户服务员工管理概述
│   ├── 电子商务客户服务员工管理的概念
│   └── 电子商务客户服务员工管理的意义
└── 电子商务客户服务员工管理的内容
    ├── 电子商务客户服务员工培训
    ├── 电子商务客户服务员工心理疏导
    ├── 电子商务客户服务员工激励
    └── 电子商务客户服务员工KPI考核
```

项目八　电子商务客户服务员工管理

任务一　电子商务客户服务员工管理概述

任务情境

王小明已在家乡的电子商务服务站从事客服工作近一年的时间了。近日，服务站有意提拔王小明为客服组长，那么，今后作为组长的他该怎样对本组的员工进行管理呢？管理好客户服务员工对于电商企业来说有怎样重要的意义？我们一起了解一下吧！

任务目标

➡ 知识目标

了解电子商务客户服务员工管理的概念

➡ 技能目标

了解电子商务客户服务员工管理对于企业的重要意义

➡ 素养目标

激发学生成为电子商务客户服务管理者的兴趣
提高学生对客户服务员工管理重要意义的认知
激励学生学好专业知识、报效家乡

任务实施

一、电子商务客户服务员工管理的概念

电子商务客户服务员工管理指在企业人力资源体系中，各级管理人员和

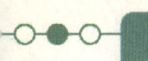

人力资源职能管理人员，通过拟订和实施各项人力资源政策和管理行为，以及其他的管理沟通手段，调节企业和员工、员工和员工之间的关系，从而实现企业的组织目标，并确保为电子商务客户服务员工及社会增值。

换言之，电子商务客户服务员工管理就是企业和客户服务员工的沟通管理，也是分析客户服务员工的个性差异与需求差异，并使之与企业效率相结合，从而最大限度地激发客户服务员工的主动性和创造性，提高客户服务员工的满意度，支持企业其他管理目标的实现，引导建立积极向上的工作环境。

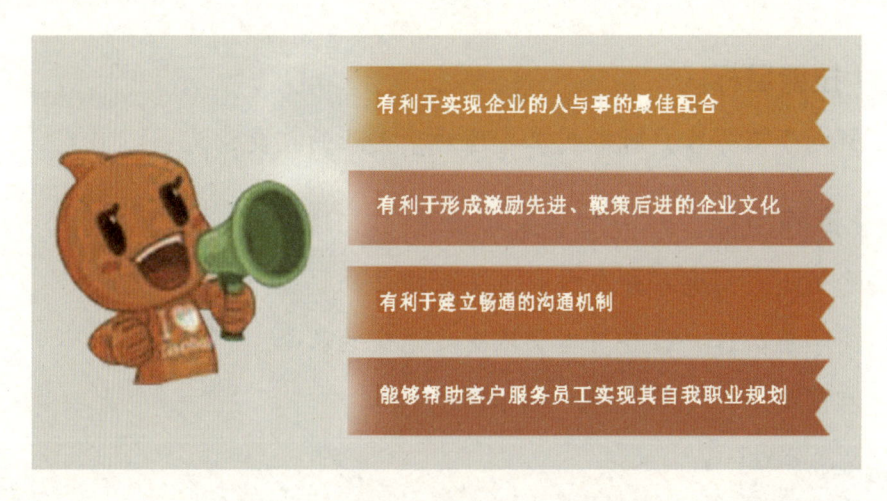

二、电子商务客户服务员工管理的意义

从企业发展的角度来看，客户服务员工管理是实现企业的人与事的最佳配合，是保证企业目标顺利实现的重要手段，同时是一个企业满足客户服务员工各方面的合理需求、培养优秀人才、鞭策或淘汰不符合企业客户服务标准的员工的重要手段。

从员工的个人发展来看，电子商务客户服务员工管理是帮助员工实现其自我职业规划的必要措施。因此，电子商务客户服务员工管理具有重要的意义，如图8-1所示。

图8-1 电子商务客户服务员工管理的意义

（一）有利于实现企业的人与事的最佳配合

为了实行电子商务客户服务员工管理，企业应该进行合理的企业组织设计，为客户服务员工提供生存条件和更适合客户服务员工发展的平台。企业组织设计是指根据企业的发展方向、业务特点及企业文化，确定各部门或岗位的工作内容、所应承担的责任和义务、权限，与其他部门间的业务联系、管理关系和工作方式，以及承担这些工作对客户服务员工的能力要求。

（二）有利于形成激励先进、鞭策后进的企业文化

良好的客户服务员工管理能促进企业形成蓬勃进取、勇往直前的企业文化。这样的企业文化往往蕴含着真诚、奋进、创新、团结等因素，能浸染人的心灵，使争先创优成为所有客户服务员工的共同追求，如图 8-2 所示。

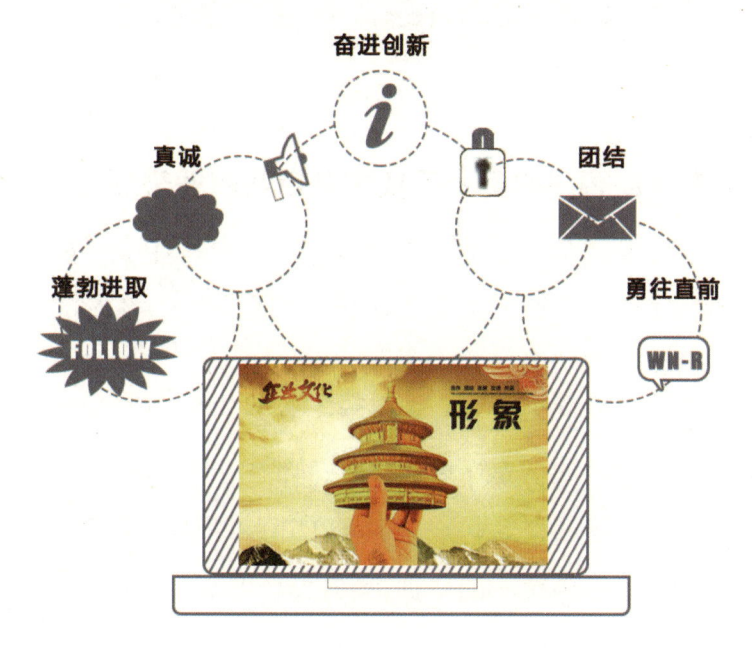

图 8-2　电子商务客户服务员工管理促进企业文化的形成

（三）有利于建立畅通的沟通机制

知识经济时代，客户服务员工追求相互理解与和谐的沟通环境，而畅通的沟通机制有助于客户服务员工与管理人员及时交流信息、沟通思想。有了畅通的沟通机制，客户服务员工可以自由地表达自己的观点、情绪和情感，以及自己的需求，也可以满足客户服务员工社交的需要。同时，良好的沟通有利于知识共享，客户服务员工可以在这样的群体中相互学习，共同进步。畅通的沟通机制如图 8-3 所示。

图 8-3　畅通的沟通机制

（四）能够帮助客户服务员工实现其自我职业规划

只有在行业的发展和企业的发展步伐相一致时，企业才能不断地进步和发展，才能减少优秀客户服务员工的流失。调查显示，在影响人才流动的各项因素中，公正、有效的晋升机会居第一位，比值是 1.2%。从中可以看出，企业发展的程度是客户服务员工关注的第一要素。

通过电子商务客户服务员工管理，企业能帮助客户服务员工找到个人发展与企业发展的结合点，帮助客户服务员工进行职业生涯的规划，并为实现这些规划而有目的地安排相应的培训，帮助客户服务员工尽快实现其个人发展目标，进而促进企业的长远发展。

因此，企业必须重视客户服务员工管理的作用，重视对客户服务员工的招聘、培训和激励。

任务拓展

利用课余时间上网查询现阶段我国电子商务客户服务员工管理存在哪些问题？你会如何利用你的专业知识解决这些问题？

（提示：应通过找出问题、分析问题、解决问题的步骤，树立做好客户服务管理者的信心。）

项目八 电子商务客户服务员工管理

任务二 电子商务客户服务员工管理的内容

任务情境

王小明在客服组长的岗位上工作半年后，顺利升职为客服主管，但上任一个月就遇到了各种问题。几个新招聘的客户服务员工对工作岗位一无所知，个别已经工作了一段时间的老员工由于近期工作强度加大等原因情绪波动较大，甚至想要辞职。针对客服岗位的特点，王小明决定对新员工进行培训，对情绪波动较大的老员工进行心理疏导，并帮助老员工提高自我认知，建立健全的人格。同时，建立激励机制，加强团队建设，对客户服务员工进行绩效考核，提高员工的工作积极性和主动性。下面，我们一起去了解一下电子商务客户服务员工管理的内容吧！

任务目标

➡ 知识目标

掌握电子商务客户服务员工培训的内容
掌握电子商务客户服务员工心理疏导的内容
掌握电子商务客户服务员工激励的内容
了解电子商务客户服务员工KPI考核指标

➡ 技能目标

学会用正确的方法进行自我心理疏导

➡ 素养目标

坚定做好客户服务管理者的信心

提高学生自我认知能力，建立健全的人格

培养学生工作积极主动的精神

任务实施

一、电子商务客户服务员工培训

客户服务员工的一言一行都代表着网店的形象，一支优秀的客服团队对网店的发展起着至关重要的作用。因此，越来越多的网店开始注重对客户服务员工的培训，尤其是新入职的小白，更需要通过系统、全面的培训使其快速熟悉业务。

（一）管理制度培训

完善的管理制度是网店良性发展的必要保证。每位员工在上岗前都要参加企业文化、规章制度、岗位职责、工作内容、工作规范、沟通礼仪等方面的基础培训，如图8-4所示。

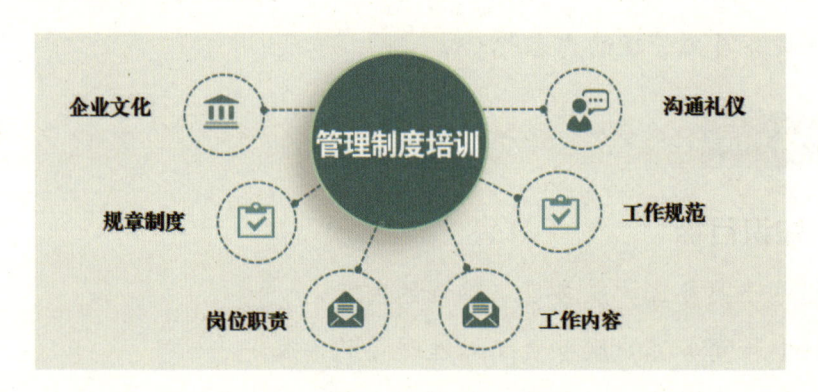

图8-4　电子商务客户服务员工管理制度培训内容

（二）业务培训

客户服务的日常工作琐碎且复杂，因此，业务培训会涉及平台规则、软件使用、商品培训、话术技巧等方面。客户服务员工必须熟悉各大电商平台的规则，学会规避风险，避免网店受到处罚。此外，客户服务员工还需要熟练掌握千牛工作台的使用，提高工作效率。客户服务员工对商品的熟悉程度直接影响到最终能否顺利成交，以及是否出现售后问题。因此，应着重针对商品属性、功能效用、保养维护、安装使用、核心卖点等相关内容进行培训。此外，客户服务员工还应了解商品的优点和缺点，这样才能根据客户的需求进行推荐。业务培训内容如图8-5所示。

图8-5　业务培训内容

（三）职业价值观培训

职业价值观指人生目标和人生态度在职业选择方面的具体表现，也就是一个人对职业的认识和态度，以及他对职业目标的追求和向往。具体反映在客户服务工作中的职业价值观包括诚实守信、客户至上、团结互助、爱岗敬业、积极上进等方面。职业价值观培训内容如图8-6所示。

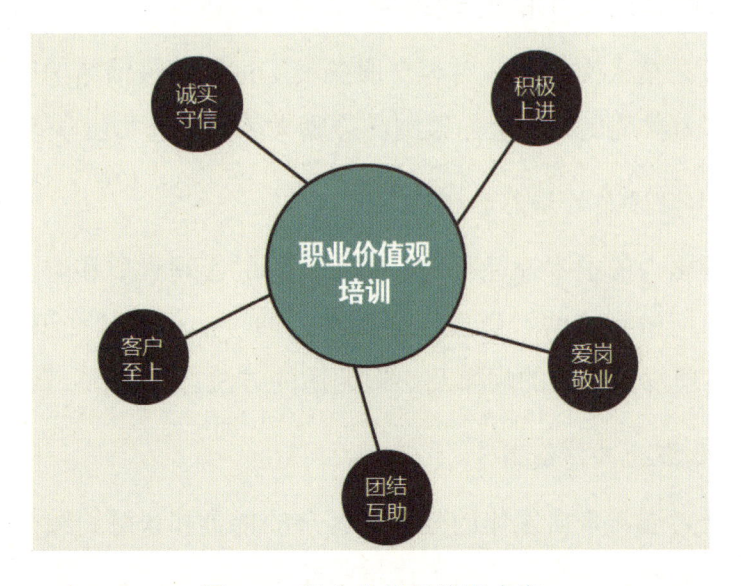

图8-6　职业价值观培训内容

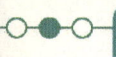

二、电子商务客户服务员工心理疏导

客户服务员工的工作压力很大,他们每天都会面对不同的人,都会有不同的工作问题需要处理,所以每个客户服务员工必须学会做自己的心理疏导师,排解自己在日常工作中所积累的压力,这样才能更从容地面对每天的工作和迎接新的挑战。

(一)员工的自我心理疏导

员工自我心理疏导的方法如表 8-1 所示。

表 8-1 员工自我心理疏导的方法

自我心理疏导的方法	具体做法
心理暗示调节法	给自己输入积极的内容,鼓励自己克服困难
音乐缓解法	听喜欢的音乐,唱喜欢的歌
运动调节法	做户外运动或室内器械运动,恢复健康的生理状态;大声喊或拳击假人,把压力释放出去
自我平衡法	勇敢地面对压力,加强对自己和对工作的认识,提高个人素养
分散注意力法	看看书,做自己喜欢的事情,想想愉快的事情,进行自我肯定
职业规划法	给自己设定目标,并明确在实现目标的过程中遇到挫折是必然的
换位思考法	对于客户投诉,不妨换位思考一下

(二)管理者对员工的心理疏导

管理者应注重人文关怀,对客户服务员工进行积极情绪的引导、鼓励积极的行为,尽力营造良好的工作氛围,鼓励大家向优秀员工学习等。

1. 加强心理素质的培养和训练

缓解心理压力的根本途径是培养员工良好的心理素质和增强员工的心理承受能力。如何做到这些?最直接的做法是通过加强心理知识宣传和普及,让员工了解心理发生变化的规律及心理调适的方法。

2. 营造积极的工作氛围

员工的压力通常来自工作的强度、客户的指责和误解、绩效考核等。这时,一个充满关爱、互帮互助的工作氛围对于这些压力的缓和、淡化都会起到非常重要的作用。

3. 增强员工的参与感

如果在工作中只有执行与接受，就会使员工没有参与感，不容易建立企业与员工的情感维系。因此，如果管理者让员工参与一些事项的决策，可增强员工的参与感——在自己参与和能把控的环境中，心理压力自然会缓解一些。

4. 认真倾听员工的心声

管理者应充分了解员工的心理需求，通过一定的管理机制给予合理的满足，让员工感受到来自企业的关心和爱护，从心理上亲近企业，减少对企业的畏惧感和逆反心理。

5. 明确员工的职业发展保障计划

管理者应适时与员工讨论职业机会、培训、个人发展需要等问题，让员工明确企业发展将给自己的职业发展带来的机会，这可大大改善员工的不安全感和压力状态。

6. 尽力满足员工的工作需求

员工的工作不但繁杂且量大。管理者可以通过软硬件设备满足员工的工作需求，帮助他们提高工作效率，从而为他们节省很大一部分时间与精力。这样，他们的压力也会得到适当的缓解。

三、电子商务客户服务员工激励

客户服务是相对枯燥且繁忙的工作，为了让客户服务员工始终对工作保持热情和积极性，企业需要不断地对其进行激励。那么，建立怎样的激励机制才能让客户服务员工保持工作热情呢？客户服务员工激励方法如图8-7所示。

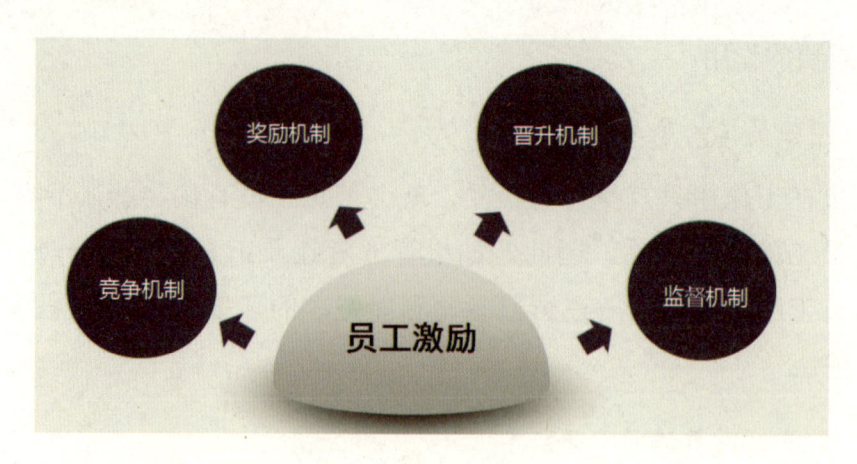

图 8-7　客户服务员工激励方法

（一）奖励机制

客户服务员工的工作能力参差不齐，有的认真负责、热情踏实，有的缺乏耐心、粗心大意。为了让整个客服团队保持积极向上的工作作风，网店需要制定员工奖励机制。通常，网店会采取物质奖励和精神奖励两种形式，且以精神奖励为主、物质奖励为辅。

1. 精神奖励

从心理学上看，精神奖励对每个人来说都能使其心情愉悦，因为任何一个人都希望得到他人的赞赏。精神奖励能够激发员工的荣誉感、进取心和责任心。客户服务员工精神奖励示例如图 8-8 所示。

图 8-8　客户服务员工精神奖励示例

2. 物质奖励

物质奖励是基于员工良好的工作表现而增加的薪酬、福利待遇，对调动员工积极性有显著作用。奖励标准及金额需要网店根据具体情况进行设置。

（二）晋升机制

为打造团结协作、战斗力卓越的团队，充分调动客户服务员工的工作主动性和积极性，建立公平、公正的晋升机制是非常有必要的。客户服务员工晋升机制如图8-9所示。

客户服务员工的晋升可遵循以下几点。

（1）建立科学规范的培养、选拔和任用制度，激励员工不断提高业务水平。

（2）树立员工的学习标杆，引导其他员工不断进行自我改进。

（3）员工职位可根据绩效考核结果进行升降调整。

（4）当管理岗位空缺时，优先考虑内部员工。

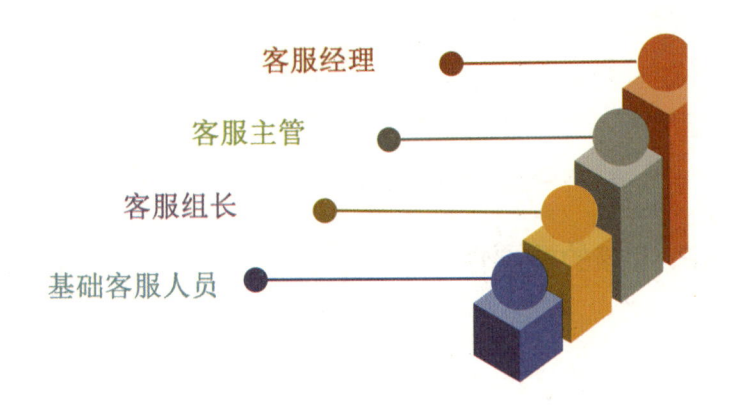

图8-9 客户服务员工晋升机制

（三）竞争机制

积极、良性的竞争机制是科学管理团队的基本要求。科学有效的竞争机制一定要以精准的数据为支撑，让客户服务员工通过数据对比感受到压力和挑战，树立竞争意识，形成你追我赶的竞争氛围。网店也可在竞争的氛围中及时发现员工在工作中的不足。某网店客户服务员工的工作数据对比表如表8-2所示。

表 8-2　某网店客户服务员工的工作数据对比表

员工	销售额/元	咨询人数/个	成交人数/个	询单转化率	平均响应时间/秒	客单价/元	退款率
小溪	25300.00	420	300	71.4%	45	84.3	1.4%
小雅	16600.00	270	160	59.3%	50	103.75	0.9%
小轩	22500.00	380	210	55.3%	41	107.1	2.1%
小兰	34100.00	500	420	84%	27	81.2	1.7%
小妍	9800.00	120	60	50%	30	163.3	3.1%

（四）监督机制

监督机制指公司对客户服务员工的工作情况的跟踪、督促和管理，主要从工作状态、工作实效、客户满意度、员工认可度等方面进行监管和评价，有助于提升客户服务员工的服务质量和工作能力。

四、电子商务客户服务员工 KPI 考核

KPI（Key Performance Indicator）考核，即关键绩效指标考核。客户服务员工 KPI 考核是针对现阶段团队需求，在岗位职责基础上制定相应的工作办法、考核指标等，是员工管理的一种措施，是员工成长的有效激励手段，更是考核员工绩效与薪资管理的重要方式。

（一）KPI 考核的重要性

对管理者而言，优秀的 KPI 考核能够节约公司的成本，提升员工的工作效率，体现公司的激励文化，为公司带来实质性的收益提升；对客户服务员工来说，优秀的 KPI 考核能够明确定位与目标、提高工作积极性、增加收入。KPI 考核的重要性如图 8-10 所示。客户服务员工代表了公司形象，是公司与客户联系的桥梁。如果不重视 KPI 考核，那么员工由于没有明确的目标和方向，就会出现消极怠工的情况，从而影响公司形象；管理者将无法掌控员工的工作情况，不能合理分配绩效奖金，也不能及时了解员工的工作效率、工作压力等，最终导致员工不稳定，影响公司的销售业绩。

图 8-10　KPI 考核的重要性

（二）KPI 考核指标

客户服务员工 KPI 考核指标（见图 8-11）包括服务指标、销售指标、额外指标。其中，服务指标包括首次响应时间、平均响应时间、问答比、回复率、邀评率、满意率等；销售指标包括转化率、客单价、销售额、销售件数、销售额占比、销售订单数等；额外指标包括主管评分、服务态度、执行力等。

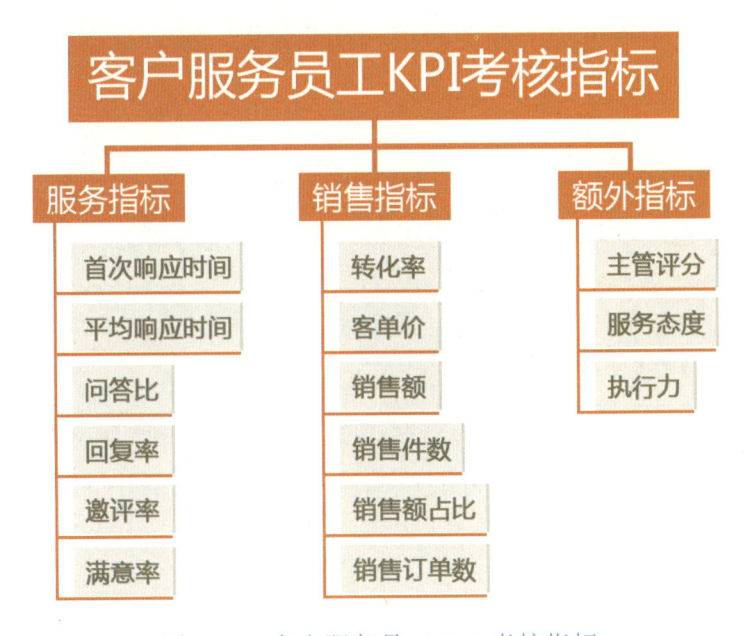

图 8-11　客户服务员工 KPI 考核指标

（三）制定和实行 KPI 考核方案

KPI 考核方案的制定流程：明确考核目的—选择考核指标—规定指标标准值—确定考核方式—总结反馈结果，如图 8-12 所示。

明确考核目的 → 选择考核指标 → 规定指标标准值 → 确定考核方式 → 总结反馈结果

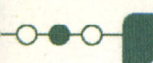

图 8-12　KPI 考核方案制定流程

1. 明确考核目的

KPI 考核目的是规范客户服务员工的日常销售工作，明确其工作范围和工作重点，使管理者对其工作进行掌控，激励其提高工作绩效。

2. 选择考核指标

在诸多的考核指标中，是不是每项指标都需要对客户服务员工进行考核？这需要管理者根据公司的实际情况而定。

3. 规定指标标准值

管理者通过参考过去的相关数据和行业数据，或者根据主观认可规定指标标准值，让员工努力去达到。

4. 确定考核方式

公司可以通过单项考核、综合考核、达标与排名等方式对客户服务员工进行全面考核。

5. 总结反馈结果

一套完美的 KPI 考核方案需要得到管理者和客户服务员工双方的认可，在方案执行过程中需要根据双方的反馈意见进行总结，并针对总结的冲突点对方案进行协商修改。

任务拓展

1. 搜集电子商务客户服务员工自我心理疏导的相关案例和方法，帮助学生学会缓解心理压力，提高自我认识，建立健全的人格。

2. 利用互联网查询不同公司的电子商务客户服务员工管理规章制度、晋升机制、考核方案等，为自己制定毕业后的职业规划。

项目测试

一、简答题

1. 电子商务客户服务员工管理对于公司有哪些意义?
2. 请回答电子商务客户服务员工培训的具体内容有哪些。
3. 电子商务客户服务员工 KPI 考核指标包括哪些?

二、实训题

1. 某客户服务员工因经常被客户投诉、谩骂,心理波动较大,有辞职的想法。假如你是管理者,请你阐述如何对该员工进行心理疏导。

2. 请利用互联网搜索不同公司的客户服务员工的 KPI 考核方案,并按照自己的管理理念制定一份合理的 KPI 考核方案。

项目八 电子商务客户服务员工管理综合评价表

学生姓名		班　级		组　别	
实训场地				实训时间	
实训设备				综合成绩	
评价内容	考核项	评分标准	自评得分	组间互评	教师评分
职业素养	安全意识、责任意识	A. 作风严谨，自觉遵章守纪，能出色地完成工作任务 B. 能够遵守规章制度，并较好地完成工作任务 C. 遵守规章制度，但没完成工作任务，或者虽完成了工作任务，但未严格遵守规章制度 D. 不遵守规章制度，没完成工作任务			
	学习态度	A. 积极参与教学活动，全勤 B. 缺勤达本项目总学时的10% C. 缺勤达本项目总学时的20% D. 缺勤达本项目总学时的30%			
	团队合作意识	A. 与同学协作融洽，团队合作意识强 B. 与同学能沟通，协同工作能力较强 C. 与同学能沟通，协同工作能力一般 D. 与同学沟通困难，协同工作能力较差			
	创新能力	在学习过程中提出具有创新性、可行性的建议			
	职业规划	A. 有明确的职业目标，有清晰的自我认知，能够进行合理的职业规划 B. 有较为明确的职业目标，有一定的自我认知，职业规划可执行性较差 C. 有一定的职业目标，自我认知较为模糊，职业规划可执行性较差 D. 没有职业目标，自我认知模糊，没有职业规划			

续表

学生姓名		班　级		组　别		
实训场地				实训时间		
实训设备				综合成绩		
评价内容	考核项	评分标准		自评得分	组间互评	教师评分
职业素养	卫生5S评价	在完成实训后能及时清理实训室，工具摆放整齐，严格遵守安全操作规程，若违反安全操作规程则扣3～10分				
专业能力	任务一	A. 学习活动评价成绩为90～100分 B. 学习活动评价成绩为75～89分 C. 学习活动评价成绩为60～74分 D. 学习活动评价成绩为0～59分				
	任务二	A. 学习活动评价成绩为90～100分 B. 学习活动评价成绩为75～89分 C. 学习活动评价成绩为60～74分 D. 学习活动评价成绩为0～59分				
项目测试	项目完成情况	A. 按时、完整地完成实训操作与项目测试，问题回答正确 B. 按时、完整地完成实训操作与项目测试，问题回答基本正确 C. 未能按时完成实训操作与项目测试，或者完成不完整，错误较多 D. 未完成实训操作与项目测试				

反侵权盗版声明

电子工业出版社依法对本作品享有专有出版权。任何未经权利人书面许可，复制、销售或通过信息网络传播本作品的行为；歪曲、篡改、剽窃本作品的行为，均违反《中华人民共和国著作权法》，其行为人应承担相应的民事责任和行政责任，构成犯罪的，将被依法追究刑事责任。

为了维护市场秩序，保护权利人的合法权益，我社将依法查处和打击侵权盗版的单位和个人。欢迎社会各界人士积极举报侵权盗版行为，本社将奖励举报有功人员，并保证举报人的信息不被泄露。

举报电话：（010）88254396；（010）88258888
传　　真：（010）88254397
E-mail：dbqq@phei.com.cn
通信地址：北京市万寿路173信箱
　　　　　电子工业出版社总编办公室
邮　　编：100036